# 销售口才与实战技巧

## 99%的人知道但没有真正掌握的成交沟通术

崔小西◎著

江西人民出版社
Jiangxi People's Publishing House
全国百佳出版社

图书在版编目（CIP）数据

销售口才与实战技巧 / 崔小西著. -- 南昌：江西
人民出版社，2018.1
ISBN 978-7-210-09531-6

Ⅰ．①销… Ⅱ．①崔… Ⅲ．①销售－口才学－通俗读
物 Ⅳ．①F713.3-49②H019-49

中国版本图书馆CIP数据核字（2017）第148355号

**销售口才与实战技巧**

崔小西 / 著

责任编辑 / 冯雪松

出版发行 / 江西人民出版社

印刷 / 保定市西城胶印有限公司

版次 / 2018年1月第1版

2019年8月第4次印刷

880毫米×1280毫米　1/32　7印张

字数 / 120千字

ISBN 978-7-210-09531-6

定价 / 26.80元

赣版权登字-01-2017-555

如有质量问题，请寄回印厂调换。联系电话：010-64926437

在无数人心中，销售是个令人爱恨交织的职业。

销售令人恨是因为有许多销售人员不知道怎样才能做好销售，他们努力了，结果却总让人伤心，得到的跟付出的不成正比。同时，销售又如此令人爱，充满诱惑，销售精英丰富的人脉、灵活的经营以及丰厚的回报都令人神往！在销售工作中，许多人认为销售只要能吃苦、能说、能跑就可以了。遵循着这个传统的销售法则，很多销售人员迷失了自己，在一条错误的路线上，仍旧辛苦地奔跑。

然而，事实并非如此。"交易的成功，往往是口才的产物"，这是美国的"超级推销大王"——弗兰克·贝特格近30年推销生涯的经验总结。因此，对销售人员来说，哪里有声音，哪里就有了力量；哪里有口才，哪里也就吹响了战斗的号角，进而也就有了成功的希望。

正所谓"一人之辩，重于九鼎之宝；三寸之舌，强于百万之师"。销售人员一旦具备了一流的口才，就能够顺利地约见到客户，争取到向对方推销的机会；就能够迅速地吸引客户的注意力、引起对方的兴趣，从而打开销售工作的局面；就能够一步一步地激起客户的购买欲望，并最终说服对方作出最后的购买决定；就能够妥当地处理好售后的相关收尾以及对老客户的维系工作。

口才的影响力将会伴随着销售工作的整个过程，而销售口才的好坏，也将会在上述每一个环节上，对销售工作的成败产生决定性的影响。因此可以毫不夸张地说，销售的成功在很大程度上可以归结为销售人员对口才的合理运用与实际发挥。

《销售口才与实战技巧》针对销售人员的现实需求，有针对性地对相关领域内的知识进行了优化设计与重组，在内容编排与语言表达上也更适合销售人群的需要。

千里之行，始于足下。当你通过本书掌握了相应的口才理论与技能后，就需要在销售实战中去运用它，去不断地完善它，因为你的说话能力是能够通过不断实践而练就的。正所谓，日日行，千里不在话下；天天读，万卷亦非难事；时时练，你的口才将会提升！

# 目 录
Contents

## 下篇　绝对成交术：把任何东西卖给任何人

### 第六章　开发客户：做销售从做朋友开始

### 第七章　玩转情商：99% 的人不知道的销售软技巧

## 第八章 善于提问：99% 的人都把产品卖点讲错了

## 第九章 听客户说：会做不如会说，会说不如会听

## 第十章 顺利签单：在与客户攻防中达成交易

# 第十一章　及时回款：收款才是硬道理，其他都是零

# 上篇 销售金口才：把话说到客户心窝里去

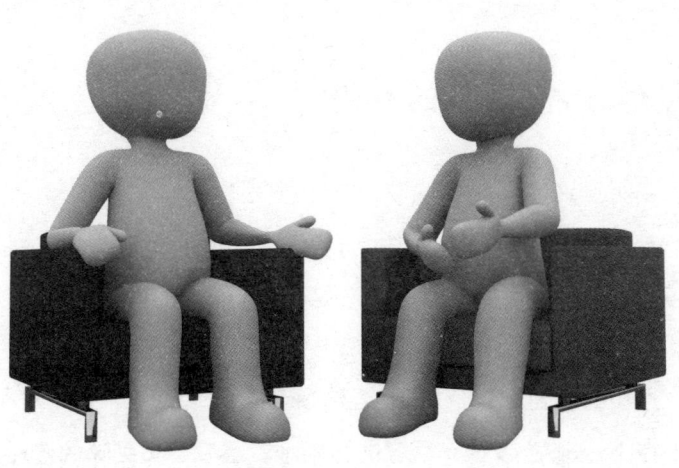

# 第一章 说好攻心话：
## 好的销售员都是心理学家

　　许多销售人员很诧异为什么别人的商品很畅销，而自己的商品无人问津？其实有时候并不是你的商品不好，也并不是你的服务态度不好，而只是因为你没有读懂客户的心理。

　　客户的心理至关重要，它直接决定了消费者的行为，决定了他们要不要购买你的商品。有经验的销售人员往往能清晰地洞察消费者的心理，满足他们的需求，自然能够获利。

## ⬤SALE 用心揣摩客户的心理

　　你听过这样一个小故事吗？

　　一位妇女走进一家鞋店，试穿了一打鞋子，没有找到一双是合脚的。营业员甲对她说："太太，我们没有合您意的，是因为您的一只脚比另一只大。"

　　这位妇女走出鞋店，没有买任何东西。

　　在下一家鞋店里，试穿同样困难。最后，笑眯眯的营业员乙解释道："太太，您知道您的一只脚比另一只小吗？"

这位妇女高兴地离开了这家鞋店，腋下携着两双新鞋子。

不同的服务人员会给客户以不同的感受。不同的销售方式能导致不同的销售结果。营业员甲之所以失败，是因为她不懂得顾客的心理——女性爱美，不喜欢别人说自己的脚大。

在推广自己的产品时，潜在的用户往往会有各种心理变化，如果不仔细揣摩客户的心理，不拿出"看家功夫"，就很难摸透对方的真正意图。

你"看"客户的时候，要揣摩客户的心理。客户究竟希望得到什么样的服务？客户为什么希望得到这样的服务？这是服务人员在观察客户时要不断提醒自己的两个问题。因为各种各样的原因会使客户不愿意将自己的期望说出来，而是通过隐含的语言、身体动作等表达出来，这时，就需要及时揣摩客户的心理。

实验表明，人们视线相互接触的时间，通常占交往时间的30% ~ 60%。如果超过60%，表示彼此对对方的兴趣可能大于交谈的话题；低于30%，表明对对方本人或话题没有兴趣。

视线接触的时间，除关系十分密切的人外，一般连续注视对方的时间在1 ~ 2秒钟内，而美国人习惯在1秒钟内。

如何对不同的客户进行产品推广？如果能看透他属于哪种类型的人，就可以对他采取不同的措施，做到"有的放矢"。下面的客户类型分类，也许就能给销售人员一些启发。

自命不凡型的人无论对什么产品，总表现出一副很懂的样子，总用一种不以为然的神情对待。这类人一般经济条件优越，以知识分子居多。这类人喜欢听恭维的话，你得多多赞美他（她），迎合其自尊心，千万别嘲笑或批评他（她）。

脾气暴躁、唱反调型的人怀疑一切，耐心特别差，喜欢教训人，常常毫无道理地发脾气，有时喜欢跟你"唱反调"。这时，就需要你面带微笑，博其好感，先承认对方有道理，并多倾听，不要受对方的"威胁"而"拍马屁"，宜以不卑不亢的言语去感动他（她），博其好感。当对方在你面前自觉有优越感又了解了产品的好处时，通常会购买。

犹豫不决型的人有购买的意思，态度有时热情，有时冷淡，情绪多变，很难预料。因此，首先要取得对方的信赖，这类人在冷静思考时，脑中会出现"否定的意念"，宜采用诱导的方法。

小心谨慎型的人有经济实力，在现场有时保持沉默观察，有时有问不完的问题，说话语气或动作都较为缓慢小心，一般在现场待的时间比较长。销售人员要迎合其语速，说话尽量慢下来，才能使其感到可信，并且在解说产品的功能时，最好用专家的话或事实，并同时强调产品的安全性和优越性。

贪小便宜型的人希望你给其多多的优惠，才想购买，喜欢讨价还价。对待这种人要多谈产品的独到之处，给其赠品或开免费检查单，突出售后服务，让其觉得接受这种产品是合算的。这种类型以女性居多。

来去匆匆型的人总是匆匆而过，总说其时间有限，这类人其实最关心质量与价格。应对这类客户，销售人员要称赞其是一个活得很充实的人，并直接说出产品的好处，要抓重点，不必拐弯抹角，只要让其信任你，这类人做事通常很爽快。

经济不足型的人想购买，但没有多余的钱，找一大堆理由，就是不想买。只要能够确定其对产品感兴趣，又拿不出现钱，要想方设法刺激其的购买欲望。

## 超级销售员话语诱导术

销售人员运用一定的语言诱导是很重要的，但是，在运用语言诱导时，必须强调话语的合适性，确保使用的语言能够达到一定的说服效果。如果语言运用不当，有可能会加重客户的反感，或带来负面影响。

营销专家、实战销售男神贾春涛在《销售这么说，客户就会听你的》一书中，介绍了几种销售员话语诱导术，值得借鉴：

1. 要有目的性地进行语言诱导

销售人员在进行语言诱导时，必须有一个明确的目的，必须让说服过程中所有的语言指向这个目的。例如，你要说服客户购买你的产品进行减肥，在设计以减肥为目的的诱导语言时，必须围绕着减肥进行。你可以暗示客户说："想象一下，使用了这个产品后，你的身材越来越好了，再也不用担心那些热量很高的食物了，你会达到自己想要的体重……"

要想实现诱导的特有效果，必须让设计的说服语言指向一个明确的目的，不可没有目的或是目的不够单一地去进行说服活动。

2. 语气一定要带有诱惑性

同样的语言，在一流的销售人员口中会带给人强大的暗示和指引作用，而让普通人说出来却显得毫无价值。销售人员的目的在于引导客户进入说服中，并且可以毫无防备地接受销售人员所施加给他的各种语言暗示，因此如何让这些有价值的引导语言完全进入人的意识中，就需要一定的专业经验的积累。

如果在销售中，销售人员依然使用和平常一样的腔调，甚至依然采用命令性的语气，可能会丧失客户的信任和好感。此时销售人员的语气要轻柔且让人感觉到像是一种来自遥远的引导指令，让人们自然而然地接受这些指令。

3.诱导用词要具有适当性

在诱导进入说服时，销售人员要注意运用合适的时间词，要让这些代表时间的词或短语可以引起客户的注意力。如："在决定拥有这件产品之前，你真的想感受一下它的功效吗？"这句话让客户将注意力引导到是否要感受产品功效，而且还假设他会试用这件产品。"在你完成这项计划前，我想和你讨论点东西。"这句话假设了客户将会完成这项计划。销售人员恰当地运用带有假设含义的语言，如："你打算多快作这个决定？"暗示了客户一定会作出决定；"你准备什么时候开始更进一步合作？"暗示了客户已经处在合作状态，同时客户还要继续合作下去。

对于一些带有否定色彩的词语，销售人员在运用的时候也要根据实际情况酌情使用。如："在你没有做好充分准备前，不要轻易购买"，其实暗示了客户一定会购买。这种恰如其分的暗示，会让客户对你更信任。

说服语言的运用不是简单地把话说出来就完事了，需要有一定的技巧。也许，在销售人员试图说服客户的时候，说了一大堆的好话都没起作用，而一句一针见血、抓住要害的简单话语则可能收获难以预想的效果，这就在于合适的话语可以带给客户不一般的体验，引起其心灵上的共鸣。

总之，利用语言诱导对客户进行暗示和说服，必须在实践中融会贯通，灵活运用。销售人员只有把握住分寸和尺度，才能达到自己想要的效果。

## 销售是心与心的较量

如果你真的遇到了一个特别难缠的客户，没办法，只能以退为进了，这一招有的时候特别奏效。如果你只是一味蛮进，那么，就会犹如逆水行舟不进反退。

人总会有犯错误的时候，问题是犯错误之后，要懂得随机应变，要有灵敏的反应，以便挽回劣势，反败为胜。

下面是保险销售员刘涛使用"以退为进"战术的例子。

刘涛有一天去烟酒店拜访客户。这家烟酒店是直接加盟的新客户，不过，投的保额很小。由于已成为客户，而今天是第二次拜访，刘涛自然而然比较松懈、随便，以致把原来头上端端正正的帽子都戴歪了。

刘涛一边说晚安，一边拉开玻璃门，应声而出的是烟酒店的小老板，虽然是小老板，但年纪已经不小了。

小老板一见刘涛，就生气地大叫起来："喂！你这是什么态度，你懂不懂礼貌？歪戴着帽子来拜访你的客户吗？你这个大混蛋。我是信任明治保险，也信任你，真没想到我所信赖公司的员工，竟然那么随便、无礼。你出去吧！我不投你的保了。"

听完这句话，刘涛恍然大悟，马上双腿一屈，立刻跪在地上。

"唉！我实在惭愧极了，因为你已经投保，就把你当成自己人，所以太任性随便了，抱歉！"

刘涛继续道歉说："我的态度实在太鲁莽了，不过我是带着向亲人的问候来拜访你的，绝没有轻视你的意思，所以请你原谅我好吗？千错万错，都是我的错，我太鲁莽了。"

小老板突然转怒为笑："喂！不要老跪在地上，站起来吧，站起来吧，其实我大声责骂你，是为你好，我是不会介意的。不过你想，如果这个样子拜访别人，别人肯定以为你没诚心。"接着他握住刘涛的双手，说，"惭愧！惭愧！我不应该这样对你，咱们是朋友。我也太无礼了。"

两人越谈越投机。小老板说："我向你大发脾气，实在太过分了，我不是投保了5 000元吗？我看就增加到3万元好啦！"

销售员随时都要有心理准备，万一碰到类似的情况，要能及时观察准客户的心理反应，扭转颓势，反败为胜。

还有一种专家型的客户，也比较难搞定。

现代很多销售行业，客户都多少了解一点，特别是保险。有的人一见到保险销售员就开口道："你别说了，我比你知道得多，保险的险种有很多，比如……"说得也头头是道，弄得销售员不知所措，一头雾水，继而只能扭头便走。

专家认为，这类客户自以为很伟大，就像一个上司正在做报告一样，令你毫无对策。当你向他推销产品时，他表现出一种不屑一顾的态度，总以为你懂的都在他的知识范围内；当你转移话题，希望将说话的内容转到谈一些层次比较高的事情时，他也不感兴趣；反正，他永远都是"专家"，有时还给你提点儿刻薄的问题，让你下不了台。

这种客户的心理有两种情况：

（1）销售员没有什么了不起

总以为对方和自己有很大的差距，因而在内心产生一种优越感。他们自认为是高一层次的人，对那些他们认为是低一等的人不屑一顾，对保险销售员更是如此。

（2）不要与这些销售员接近

高高在上的人，不容许别人谈论自己的缺点，同时也将自己的弱点深深地隐藏起来。这一类人，假装对某一领域很专业，其实可能只是道听途说，以一种高姿态来对待销售员，意思是：我是专家，快点走吧！我都明白，不必再介绍了。

人的气质性格与后天因素有很大关系，你所处的环境对你的性格起着很强的作用。像这一类客户害怕自己掉入你的陷阱，所以不敢让你介绍。他们这是在防卫，是用某种方式来进行自我保护，但他们同时也希望能引起他人的注意，希望别人给予他很高的评价。

这一类客户，保险销售员很难应付。他们很难友好地与人交谈，更不必说与他们开开玩笑、说说俏皮话之类。但是，如果对他们做一番仔细的研究，你会欣喜地发现，这类客户其实是最好对应的一种，只要你采取恰当的方式。

"你别说了，我来说，你听……"

"好的，我向您请教了！"

当他说完后，你还要加以夸赞一番："哇！你对我们的产品很关注呀！"或"不错，你讲得太对了，你真是专家。"

当客户正陶醉在自大的感觉中时，你可以突然提问题："先生，你所知道的还有什么呢？"他可能还知道，让他接着说。当他说："我不知道了。"这时你就可以发表自己的意见了。

"那好，我站在客观的角度帮你补充几点可以吗？我觉得你对我的产品很感兴趣，应该会听的，你说是吗？"

不让对方回到现实，应继续恭维，让他继续漂在"自高自大"的浪潮中。

他肯定会回答说："嗯！说吧！"

这样，你就算击破了他的第一道防线。

## 给客户心中想要的东西

每个人都有自己潜在的需求，如果你给对方他想要的东西，就更容易维系双方的友谊。这就如同在商业交易上一样，你给对方想要的，他才能给你想要的。

英国的政治家阿瑟·鲍尔弗在第一次世界大战后来到美国，也曾采取了这种方法来表示自己的友好。他在大庭广众之下称颂着美国的发达；称颂着美国人民；赞美美国的天气；他常常把民主挂在嘴边，并且常常说一些笑话；出门时驾驶着一辆自由式汽车，以表明他是信奉民主主义的；他也像威尔逊一样，说他喜欢看侦探小说；在集会中，他的演说从一开始就告诉听众，他与他们一样，是一个自由集会中的一员。当然，阿瑟·鲍尔弗在美国各处都受到了欢迎。

威廉·里格里——如今已经是一个拥有数千万家产的大实业家了——然而当他刚开始做销售员的时候，他也采用这种策略去从事他毕生的事业。他曾经这样讲过：无论我到什么地方去推销货物，我必定会先打听一下这个地方的风土人情以及人们的生活习惯，并用他们的本地话去和那些生意人交谈。

譬如说：当他向加拿大人推销肥皂的时候，他每到一家商店，总会拍着他的箱子说道：Jovan Min-era。这是他所知道的关于这种矿质肥皂的唯一的法文了。说了这个字以后，他就接着说起了英语。但是这简单的两个字居然也产生了巨大的效力，那些生意人都因为听到了他们自己的家乡话而高兴。这种微小的礼貌，其他的销售员就很少能够有意识地去运用。

给朋友想要的东西，就要了解对方最需要什么，最在乎什么。每个人都会因其个性、环境的不同，有着各种不同的欲望、偏好。这个欲望偏好也就构成了他的心灵缺口，心灵缺口是最容易被攻破的壁垒。只要抓住一个人的心灵缺口，就能够找到打动这个人的办法。

纽约某大银行的理查斯·威尔斯奉上司指示，秘密进入某家公司进行信用调查。正巧威尔斯认识另一家大企业公司董事长，这位董事长很清楚该公司的行政情形，威尔斯便亲自登门拜访。

当他进入董事长室，才坐定不久，女秘书便从门口探出半头对董事长说："很抱歉，今天我没有邮票拿给您。"

"我那12岁的儿子正在收集邮票，所以……"董事长不好意思地向威尔斯解释。

接着威尔斯便开门见山地说明来意。可是董事长却故意含糊其辞，一直不愿做正面回答。威尔斯见此情景，只好知趣地匆匆离去，没得到一点收获。

不久，威尔斯突然想起那位女秘书向董事长说的话，邮票和12岁的儿子。同时也联想到他服务的银行的国外科，每天都有许多来自世界各地信件，有许多各国的邮票。

第二天下午，威尔斯又去找那位董事长，告诉他是专程替他儿子送邮票来的。董事长热诚地迎接了他。威尔斯把邮票交给他，他面露微笑，双手接邮票，就像得到稀世珍宝似的自言自语："我儿子一定高兴得不得了。啊！多有价值！"

董事长和威尔斯谈了40分钟有关集邮的事情，又让威尔斯看他儿子的照片。一会儿，没等威尔斯开口，他就主动说出了威尔斯想要了解的内幕消息，并足足说了一个钟头。他不但把所知道的消息告诉了威尔斯，又召回部下问，还打电话请教朋友。威尔斯没想到区区几十张邮票竟让他圆满地完成了任务。

了解他人最想要的东西，知道他人最在乎什么，并且把他最需要、最在乎的东西提供给他，会使他产生极大的满足感。同时也会感到脸上极有光彩。一个人在一定时期内，对某件东西可能很在乎，这时只要提供给他这件东西，他就会对你无比感激和赏识。

从这里我们可以看出，提供给一个人最在乎的东西是多么有效、多么神奇，这种效果是提供其他东西所远远不能比拟的。

## 🔵 切中客户的要害进行说服

现代营销学认为：销售就是服务，创造客户价值。但很多销售人员关注自己，自己的品牌、服务等太多，而对客户的需求偏好、期望值、价值观等却关注太少。

以推销牛奶为例，常常出现这种场景：

推销员："您好，我们又推出了一款新牛奶，有……特点，您看您需要吗？"

客户："不需要。"

推销员："但是我们的牛奶确实很棒……"

客户："这跟我有什么关系呢？我从来不喝牛奶，可我活得很好！"

推销员："……"

在这里，推销员根本没有考虑客户的需求，完全是无的放矢。所以，客户几句话就把他打发了，这是很失败的说服。

如果使用下面方法，就能容易被客户接受：

推销员观察客户一段时间，发现客户腿脚不利索，就此判断是因缺钙造成的。于是，推销员找准合适的地点，比如上楼时，对客户说，"您当心点，看您很累，我来搀您上去。"

客户："谢谢你了，老了，腿脚不好了。"

推销员："怎么能这么说呢，您还要再享几十年福呢，上点年纪的人钙流失得快，要注意补钙，这样腿脚才利索。"

客户："可不是吗？不过吃钙片补充效果不是很好。"

推销员："喝奶效果不错，因为人绝大多数营养都是从饮食中获得的。阿姨，您看这样，我们刚好有低脂高钙的鲜奶，您喝喝试试。"

客户："听起来确实很好，那我就试试看。"

这位推销员之所以能成功说服客户，就在于他发现了"客户缺钙"这个要害，从而以此为切入点，找到了客户的潜在需求。

所以说，销售人员要使说服获得成功，就要找到客户的需求点，找到客户的弱点与软肋进行重点突破，并及时满足客户。把销售的理由变成客户需要购买的理由，由销售人员"我要卖"转变为客户"我要买"。以客户为中心，以需求为导向，找到客户的要害，才是说服的关键所在。

再看下面这个小故事。

一对老夫妇来看一所房子，当销售人员把他们领进房间后，看到房间里的地板已经很破旧并变得凹凸不平，但当他们走到阳台上看到院子里有一棵茂盛的樱桃树时，两位老人立刻变得很愉快。

老妇人对销售人员说："你这房子太破旧了，你看地板都坏了。"

销售人员看到了他们对樱桃树的喜爱，就说："这些我们都可以给你们换成新的，最重要的是院里的这棵樱桃树，一定会使你们的生活更加安详舒适。"说着销售人员把老人的目光引向屋外的樱桃树，老人一看到樱桃树马上变得高兴起来。

当他们走进厨房时，看到厨房的设备很多已经生锈。还没等客户抱怨，销售人员说："这也没有关系，我们会全部换成新的，同时，最重要的是院里的这棵樱桃树，会让你们喜欢这里。"当销售人员提到樱桃树时，客户的眼睛立刻闪出愉悦的光芒。"樱桃树"就是客户买下这所房子的"关键点"。

在上面这个小故事中，销售人员通过观察客户的表情变化，敏锐地发现客户的潜意识中对樱桃树的喜爱。他能够迅速抓住这一点，因势利导，对客户进行种种暗示，给了客户一个购买的理由，从而及时发现、唤起甚至创造客户内心对于产品和服务的需要，恰到好处地对其进行说服，结果取得了成功。

## 为客户描绘出美妙的意境

销售人员对客户的说服必须要为客户营造出一种适当的气氛和意境，通过全方位的感受来影响客户作出购买的决定。

销售人员怎样才能够激发客户的想象，让他们得到拥有这种产品之后的美妙感受呢？有两种方式：第一种是上面说的让客户亲自体验一下；第二种是通过语言；描绘出客户拥有了这种产品后的情景，让其产生拥有这种产品之后的美好感觉。

当然，在说这些话的时候，要尽可能地压低声音，减慢语速。另外，销售人员说服对方时还要有充分的信心，让他们感到你在这个方面是最权威的。这样，他们就会相信你所讲的每一句话。

例如，你要是销售跑步机的话，你可以这样说："当您早上起床，穿上运动鞋和休闲装，打开窗户，深呼吸一口清新的空气，明媚的阳光照在身上，然后您踏上跑步机，轻松舒畅地开始跑步，您的速度由慢到快，当您轻微有些出汗时它会提醒您时间到了，然后您开始洗浴，梳洗整齐，穿上刚刚熨烫过的职业装，信心百倍、神清气爽地走出家门，开始一天的工作。"

这种方法也可以用来介绍产品的功能。例如，你是打印机销售人员，你可以目光温和地直视着你的客户，缓缓地说："如果家里有这样一台多功能打印机，会给你带来无穷的乐趣和便利。客户打电话过来需要发传真，不必去找传真机，你只需轻轻按下接收传真的按键；如果你需要把一些重要的图片放在电脑里，不用去找扫描仪，只需把图片放好，按一下扫描的按键，资料就会输入你的电脑；如果你需要的资料很多，也不必到外面去复印，自己就可以做；另外，你还可以利用它制作自己喜欢的各种照片，形象逼真，会让你爱不释手"。

相信客户在听了你生动形象的描述后，肯定会动心的。这种绘声绘色的描述其实比干巴巴的介绍要管用许多倍。因为这样可以让客户感觉到拥有这个东西之后的幸福和快乐。做到了这一点，你就成功了一半。

## 🔘 制造紧迫感，向客户施压

著名品牌公司的销售人员常常会说："本公司只想在这个地区找一位经销商，迄今为止，我们已经有6位感兴趣的经销商报名。要是您想抓住这次机会的话，我建议您今天就签合同，我会尽全力利用我的影响帮您拿到这片销售区代理权。"

当你销售汽车时，你会有一种感觉，那就是客户本来急于拥有一辆新车，但不知为什么又犹豫不决。这时你可以说："我们的库里只剩下一辆这种颜色和款式的车子，要是您想要的话，我可以替您准备好，今天下午就可以取货。只是，如果您选择等一等的话，我担心这辆车会很快被人买走，我们今天上午就已经卖出了两辆这样的车。当然，我们还有另外一个办法，那就是我给别的销售人员打电话，让他们替您选一辆，但那样可能需要等上一个星期，而且，我也不敢保证您就能得到您真正喜欢的车。"然后你再停顿一会接着说："为什么您不肯帮自己一个忙，说一声'是'呢？我会通知服务部今天下午就准备好您的车。"

飞机票销售人员同样会对乘客说，要是他不赶快行动的话，很可能就买不到票，因为机票快要预订一空了。这一招用在商人身上似乎更为有效，他们的日程总是排得密不透风，在各国之间飞来飞去，就像有些人从一个城镇开车去另一个城镇一样属于家常便饭。例如，某人打电话要求订一张去×市的机票，对方回答说："先生，我们只剩下两个空位了。要是您想要的话，我建议您马上就订下来。"虽然这个人不一定非得去那么早，但他担心错过航班，因为他必须在那天下午赶到，所以他立即进行了预订。

无论在什么时候，只要产品数量有限，就可能制造出紧迫感来。在假定对方已经决定买的基础上提问，一切将变得简单。

对待不能作出果断决策的客户的办法是创造出一种紧迫感。只要你仔细考虑，无论你销售的是什么产品，你总会想出使其产生这种感觉的好办法。

1. 利用"特价"来制造紧迫感

例如，家电产品的销售人员可能对他的客户说："本公司月初将大幅度提高产品售价，现在，只剩下两天时间了，所以我建议您今天就作出决定。"

负责复印机销售的销售人员会通知他的客户，公司对复写纸的特价优惠日期截止到本周末。

不动产经纪人也许会告诉他的委托人，如果他还不能作出决定，他就要自付不动产税。这样，客户会觉得如果不把握住这个机会，将会造成极大的遗憾，紧迫感也就因此而产生了。

销售计算机的销售人员可能使用几种不同的方法来使客户产生这种紧迫感。他可以不对客户说，如果他再不作出决定，计算机就会售完，而是设法说服客户，他需要这种安装的计算机，以此来加速成交。

"先生，您考虑的时间越长，您的存货问题就越严重。正如我所说的，供应科已经晚发货3个星期了，这样下去，你们的公司还能维持多久？好吧，现在允许我用一下您的电话行吗？我要问一问今天公司有没有已安装好的计算机。"

紧迫感一旦产生，客户就自然而然地要作出购买的决定，成交在望了。

无论用什么方法，只要能创造一种紧迫感，就可刺激客户尽快作出购买决定。

2. 利用"明天就太晚了"来向客户施加压力

在人寿保险业做到这一点并不太困难。客户的健康状况随时会发生变化，也许一天的延误就可能意味着他明天就失去了投保资格。作为保险业的销售人员，你最好这样对客户说："先生，我们都没有办法从水晶球中去看未来，但愿您能在取得保险资格前健康长寿。不过您也应该很清楚，如果在这之前发生了意外，这对您的家庭将是多么大的损失。我们希望您能尽快取得保险。"

这样，一种"明天就太晚了"的意识就产生了，并且这种感觉会随着一个人年龄的增加而加强。

向客户施加压力，是促成生意成功的一个重要技巧。使用销售施压，关键是销售人员应该审时度势，努力做到让客户从你身上看到一种信心，并感到安慰。这种技巧的掌握，是与销售人员的反应灵敏度有很大关系，销售人员只有在实践中不断练习，才能不断提高自己的技巧。

## 销售圣经：识破客户九大心理

客户的购买心理是指：客户为什么会产生这样的动机？为什么会对商品产生兴趣并且买下来？他们需要某种产品，为什么他们选择这种产品而不选择那种产品？这些问题就是客户的购买心理在起作用。在开发客户时，能对他们的心理有所了解，就能有的放矢。

客户的心理类型不是单一的，按照不同的划分标准有着不同的分类。

### 1. 求"实"心理

讲求实用是人们的普遍心理，尤其在我国，这是因为中国老百姓的生活水平还不高，所以就总体而言，消费观念还是保持着中档水平，他们的消费观念以求实用为核心，他们购买商品主要还是因为这些商品能满足自己衣、食、住、行等方面的基本需要。提起中国人民，人们总会想起"勤劳""俭朴"之类的字眼。因此，我国消费者普遍存在的购买心理首先要求这件商品实用，能够满足他的需要，即具有实用价值。

2. 求"真"心理

追求"货真价实"是每一位消费者的基本需求，每一位客户都希望获得诚实的对待。由于信息的不对称，客户对商品的品质和价格所知晓的信息一定没有商家多，所以客户对商品"真实性"的要求显得更为迫切。

3. 求"美"心理

对于不同的商品，"美"的表现也许不尽相同，但是有一点相同，那就是——看起来悦目。一件衣服的"美"体现在它的颜色、款式上；一件家具的"美"体现在它的设计和色泽上；家用电器，人们愿意选择外观漂亮的；手机，人们喜欢颜色好看的、外观小巧或大方的……对美的追求是人的一种本能和普遍的需求，爱美是人的天性。

4. 求"利"心理

随着市场经济的发展，各种商品层出不穷，因此对价格的要求也渐渐成为顾客继上述三大要求之后的最迫切要求。许多商家在产品的质量和产品的造型外观等方面无法获得竞争优势，就转向提高技术，降低成本，从产品的价格上来进行竞争，这正是从客户的求"利"心理出发而采取的竞争策略。

5. 求"新"心理

再"实"、再"真"、再"美"和价格再低的商品，一旦它们在款式等方面缺少变化，同样会让顾客产生"审美疲劳"。尤其是在服装、食物或者高新技术产品上，很多客户都有追求"超前"和"时髦"的消费心理。特别是在服饰上，有些衣服虽然质量和面料与其他的衣服没有什么区别，但是新颖、奇特的设计让客户耳目一新，获得了他们的认同，满足了他们的求"新"心理。

6. 求"名"心理

很多客户在购买商品的时候，往往受产品品牌的影响，喜欢追求名牌。因为这些客户认为自己身份、地位高或者自己的经济条件好，所以他们竭力想把自己和别人区别开来，或者说，他们想通过商品这些外在的东西来显示自己的身份、地位和声望。那么购买昂贵的、让人望而却步的商品就成了他们的首选方式。比如开一辆"宝马"或者"奔驰"车；住一套昂贵的套房或者别墅；穿一身国际名牌；出差住五星级宾馆；吃饭选一流的饭店；喝酒必然是中国的"茅台"或者洋酒"人头马"等。

7. "跟风"心理

很多人追赶时尚是迫不得已或者说是出于一种跟风的思想，他们害怕自己在衣食住行等方面落后于他人，落后于社会的普遍行为或者说是自己所处的某一个小集体的做派，所以不得已跟风或者出于强烈的妒忌心理看到某人的做法而产生了一定要超过他人的想法。

8. "安全"心理

"安全"心理是很多客户都有的，因为人都有自我保护的心理。"安全"心理在不同条件下会有不同的反应。如果你去某些服务行业接受他们的服务，你很担心自身的安全，比如你去餐厅吃饭，担心他们的餐具是否卫生；你去药店买药，担心药品是否是假药；你到超市买食品或者酒水饮料，你担心它们是否过了安全食用期，或者担心它们是否是毒大米，假酒或者卫生不合格……每个人都有这样的自我保护的心理，顾客也不例外。

9. "隐私"心理

很多商品涉及客户的隐私，所以这类客户在购买物品的时候，常常抱着一种"隐私"心理来买，受"隐私"心理的影响，他们在选择商品的时候，常常会选择合适的时间购买。比如女性买卫生用品时常躲躲闪闪，在价格方面也不会很在意；而有些男性在买一些补肾用品以增强自己性功能的时候，也显得很不自在，因为他们害怕别人的异样眼光，特别害怕会碰到自己的熟人、老朋友或者其他女性客户。

此外，对于服务行业，比如美容、洗浴、餐饮等行业，人们还有其他的购买心理，如求舒适、求干净、求方便、求卫生、求尊重、求健康等心理。

# 第二章 说好赞美话：
## 好话一讲，黄金万两

人类行为学家约翰·杜威说："人类本质里最深远的驱策力，就是希望具有重要性，希望被赞美。"在销售人员话术中，赞美的作用举足轻重，在与客户进行面对面的交流当中，一句小小的赞美往往会带来意想不到的效果。

为了使得人们的交往变得和谐而温馨，也为了给你的成功销售创造条件，对于他人的成绩与进步，一定要给予肯定、赞美和鼓励。当别人有值得褒奖之处，你应毫不犹豫地给予诚挚的赞美。

## 接近客户的赞美方法

下面是一个通过赞美来接近客户的范例。

销售人员刘方以稳健自信的步伐走向王经理，并微微点头行礼致意，说："王经理，您好，我是大华公司的销售人员刘方，请多多指教。"

王经理："请坐。"

刘方："谢谢。非常感谢王经理在百忙中抽出时间与我会面，我一定要把握住这么好的机会。"（刘方非常诚恳地感谢王经理的接见，表示要把握住这个难得的机会，让王经理感受到自己是个重要人物）

王经理："不用客气，我也很高兴见到你。"

刘方："贵公司在王经理的领导下，业务领先业界，真是令人钦佩。我浏览过贵公司的网站，知道王经理非常重视网络销售，现在很多客户都从网上购买产品了。使用这种方式销售您在业内是榜样啊！"（刘方将事前调查到的资料中有关网络销售这点特别在寒暄中提出来，以便有一个好的开始）

王经理："我们销售的产品是网络办公设备，我们的客户以高科技公司为主。随着网络的普及，这些客户都开始从网上来寻找自己需要的产品，我们做自己的网站的目的是满足客户在网络上查询产品、了解产品，提高我们的销售效率。"

刘方："王经理，您的理念确实反映出贵公司的经营特性，很有远见。我相信贵公司在销售方面已经做得非常成功了。我向您推荐一个网站推广的方案，这个方案可以使客户更容易发现您的产品和服务，这样不仅能提高销售额，而且也能有很好的广告效应，使您公司和您的产品具备更大知名度。"（刘方先赞美对方，然后表达出拜访的理由）

王经理："网站推广方案？"

刘方："是的。王经理在销售方面的经验和成绩深得业内人士尊重，在我来之前，已经听到过不少关于您辉煌的销售业绩和卓越的管理能力的赞美话语。其实网站的目的不仅仅是为了让客户从网上查看产品功能和了解公司，更重要的是能让客户有产品需要时随时随地找到您的公司，继而登录到您的网站去查看他所需要的信息。如果没有适当的网站推广，客户怎样才能发现您可以提供给他所需要的产品呢？"（刘方采用了先赞美后提问的方法）

王经理沉吟片刻，然后说："说说你的看法吧！"

就这样，刘方利用赞美接近法打开了销售对象的心理防线，并令客户产生好感，让客户能够认真聆听他的讲解，为接下来的销售打好基础。

每个人都有虚荣心，而满足人虚荣心的最好方法就是让对方产生优越感。但是并不是每个人都能功成名就；相反，大部分的人都过着平凡的日子。

每个人平常都承受着不同的压力，处处听命于人。虽说常态如此，但是绝大多数的人都想尝试一下优越于别人的滋味，因此，这些人会比较喜欢那些能满足自己优越感的人。而让人产生优越感最有效的方法就是对于他自傲的事情加以赞美。若客户的优越感被满足了，初次见面的警戒心也自然消失了，彼此距离也拉近了，双方的关系也会向前迈进一大步。

## 真诚的赞美没人会拒绝

有这样一位教师，呕心沥血写了一本书，但是出版之后，出版社让他销售1 000册。对于他这样一个没有一点销售经验的教师来说，销售这1 000册书远比讲课要难得多。

为了把书销售出去，他在学生中进行了一次演讲，他说："作为老师，我站在讲台上没有讲课而试图销售自己写的书时，心里总不免有些尴尬。不过，如今这个时代，作者也很难，写了书，还得卖书。出版社一下压给我1 000册，稿费一文没有，所以我不销售不行。这本书写得怎样，我自己不好评说。不过有两点可以保证：第一，这本书是我用3年时间完成的，是我心血的结晶；第二，书的内容绝不是东拼西凑抄下来的，是我自己长期思考的见解。前不久，这本书被思想政治工作研究会评为社科类图书二等奖，这是获奖证书。说实话，对于我们这些教师来说，搞销售比写书还觉得难，只能硬着头皮来找大家帮忙。不过，买不买完全自愿，绝不强迫。如果觉得这本书对你有用，你又有财力就买一本，算是帮我一个忙。谢谢。我向大家销售这本书，不仅仅是因为要完成我的任务，更不是因为这是我写的书，而是我相信大家能够用自己的慧眼来识别这本书。如果是垃圾书，我绝对不会推荐给大家。我相信自己的能力，我更相信大家的眼光。"

这位教师不是专职销售人员，但是他却获得了成功。他的这次演讲立即产生了效果，一次就卖掉了300多册。

从某种意义上说，他的成功就在于他恰到好处地表达了自己的真诚，赢得了学生的信赖，又不失时机地加以赞美，其言外之意是：买了这本书的人，都是有眼光的人。这次销售的成功也说明，在讲话中学会表达真诚要比单纯追求流畅和精彩更重要。

作为一个销售人员，最重要的就是要做到被人接受，被越少的人拒绝就意味着越成功。那么，怎样才能做到被客户接受呢？在销售人员话术中，赞美是行之有效的方法，但是盲目赞美也是不能被客户接受的，甚至会引起客户反感。因此，赞美必须发自内心，即赞美必须注入真诚，说话的魅力并不在于你说得多么流畅、滔滔不绝，而在于是否善于表达真诚！

用真挚诚恳的语言去打动客户，是一种在销售行业中被广泛使用的语言表达方式。这里的真诚不仅仅包括真实的意思，更重要的还在于要有真情。

真实、诚恳和真情是赞美客户时尤须注意的要素。以真实为铺垫、为基础，以诚恳打动人，以真情感人，才能达到在赞美的同时说服对方的目的。鲁迅说得很深刻："只有真的声音，才能感动中国人和世界人；必须有真的声音，才能与世界人同在世界上生活。"

有一个5岁大的女孩，在教堂表演中首次登台演唱。她有着优美的歌声，她的才能从小就表现出来了。当她长大时，她的家人了解到她需要专业声乐训练，就请了一个很有名的声乐老师来训练她。这位老师造诣很高，很少有人比得上他。他是一个十分苛求完美的老师。不论何时，只要这女孩一想到放弃或节奏稍微不对，他都会很细心地指正。经过一段时间以后，她对老师的崇拜日益加深。即便双方年龄相差很大，他的严格远胜于鼓励，但是她最后还是嫁给了他。他在婚后继续教她，但是她的朋友发现她那优美自然的声调已有了变化，变成硬邦邦的声调，不再是以前那种清爽而悠扬的声调了。渐渐地，邀请她去演唱的机会越来越少。最后，他们几乎不邀请她了。

这时，她的先生，也就是她的老师死了。以后几年，她很少演唱甚至不演唱。她的才能很少用到，直到又有一位销售人员追求她为止。有时候，当她正在哼着小调或乐曲旋律时，他会惊叹歌声的美妙："再唱一首，亲爱的，你有全世界最美的歌喉。"

他总是这样说。事实上，他可能不知道她唱得是好是坏，但是他确实非常喜欢她的歌声，所以他一直对她大加赞美，她的自信心开始恢复了，她又开始前往世界各地演唱。后来，她嫁给了这位"发现者"，又重新开始了成功的歌唱生涯。

那位销售人员对她的赞美出于诚挚、真心，真心赞美事实上是最有效的驱动。赞美是一种艺术，它的魅力相信任何人都无法抵挡。

人是有情感的高级动物。情感是人的心理过程的重要组成部分，它是人对他人和外物是否符合自己的需要所产生的内心体验。这种内心体验具有情境性和直接性。情感的产生则需要外界的刺激，据研究发现，饱含真情实感的言语是唤起情感的一种最具神力的"武器"。运用真情的言语策略，可以顺利促使双方产生情感共鸣，使关系融洽，形成良好的交际氛围；可以较快地促使双方强化相应的感性认识，形成并巩固某种态度倾向和观念信仰；可以有力地推动人们将某种行为动机付诸实施，并作出积极的反应，这就为赞美的有利作用提供了科学的依据。俄国文豪托尔斯泰说："真诚的赞美不但对人的感情，而且对人的理智也起着巨大的作用。"

## 🔵 赞美并不是拍马屁

赞美会令对方产生好感，从而使相互之间的关系融洽，这一作用是不言而喻的。但是在这里，应该明确一点，赞美并不是拍马屁，赞美也不等同于阿谀奉承。

美国费城电气公司的威伯到某州的乡村去销售用电，他到了一户富有的农家面前，敲开了门。开门的户主是个老太太，她一见是电气公司的代表，猛然把门关上了。

威伯再次敲门，门勉强开了一条缝。威伯说："很抱歉打扰了，也知道您对用电不感兴趣。所以这次并不是来销售用电，而是来买几个鸡蛋。"老太太消除了一些戒意，把门开大了一点，探出头怀疑地望着威伯。

威伯继续说："我看见您喂的道明尼克鸡很漂亮，想买一打新鲜的鸡蛋回城。"

听到他这样说，老太太把门开得更大一些，并问道："为什么不用你的鸡蛋？"

"因为，"威伯充满诚意地说，"我的力行鸡下的蛋是白色的，做的蛋糕不好看，我的太太就要我来买些棕色的蛋。"

这时候，老太太走出门口，态度温和了许多，并和威伯聊起鸡蛋的事情。但威伯指着院里的牛棚说："夫人，我敢打赌，您丈夫养的牛赶不上您养鸡赚钱多。"老太太被说得心花怒放。长期以来，她丈夫总不承认这个事实。于是，她把威伯视为知己，带他去鸡舍参观。威伯边参观边赞美老太太鸡养得好，并说，如果能用电灯照射，产的蛋会更多。老太太似乎不那么反感了，反而问威伯，用电是否合算。当然，她得到了完满的解答。

两个星期后，威伯在公司收到了老太太交来的用电申请。

威伯的行为实际上是对老太太的赞美。尽管赞美在某些方面和拍马屁有相似之处，例如，赞美和拍马屁的出发点都是为了取得别人的好感，赞美和拍马屁的途径大都是直接颂扬等。但两者还是存在本质区别的，赞美在抬高对方的前提下，并不伤害自己的自尊；而拍马屁则不同，拍马屁通常是在不自尊、不自爱的前提下发生的。

一位汽车销售冠军说："接近客户，并不是一味地向客户低头行礼，也不是迫不及待地向客户说明产品，这样做反而会使客户逃避。当我刚进入公司做销售人员时，在接近客户时，我只会销售汽车，因此往往无法迅速打开客户的'心防'。在无数次的体验、揣摩后，我终于体会到，与其直接说明产品不如谈些有关客户太太、小孩的话题，或谈些他感兴趣的事情。让客户喜欢自己，关系着销售业绩的成败。但是要注意一点，那就是：赞美客户会赢得他们的喜爱，对客户溜须拍马则会让他们疏远你。"

为了达到影响他人的目的，人们时时需要说些恭维的话，但是为了防止自己的赞美流于奉承，自己一定要显得诚恳且心里坦然，而且要注意只恭维他人的行为而不恭维他人本身。在与客户交谈的时候，可以不时在"这张小孩子的照片很可爱，是您的孙子吗？"类似轻松的话题中插入你想知道的正题。只要心里坦然，在愉快和谐的谈话中，你会得到满意的答复。

总有人认为专门说赞美的话，是厚颜无耻的拍马屁行为，因而耻于为之。事实上这都是粗浅的认识，在潜移默化中赞美别人、恭维别人，这些都是人际交往中至高无上的润滑剂，如此于人有利、于己无损而多益的事，又何乐而不为呢！

## 赞美要有的放矢

不管赞美什么，都是说给人听的。要是忘了这一点，赞美就是无的放矢，毫无实效。

当你看到一个人拥有一辆名牌汽车，你会怎样赞美呢？

有一位销售人员曾经说，原先他以为"拍马"是拍拍马的屁股，让马感到很舒服，后来才知道"拍马"一词出自蒙古族。据说从前蒙古人的身份、地位完全可以从他的坐骑看出，所以，当他们称赞一个人时，总是拍着他的马的屁股连声道："好马！好马！"既然马是好马，那骑在马背上的主人自然是好汉了。

现在，你想好怎么赞美汽车了吗？会不会轻轻地摸着车子连声说："好车！好车！真漂亮！"如果这样说，可谓还徘徊在赞美"大门"之外，尚未得其诀窍。车子再漂亮，那也是生产厂家的功劳，和车主有什么关系？直截了当、毫无特色、只管物品、与人无关、隔靴搔痒等，怎么能起到好的作用呢？拍一拍马的屁股，马还有反应，说不定还会喜欢上你；可你摸车子，车子能有感觉吗？车子会领你的情吗？

赞美是给人听的，所以一定要与人有关系。在上述例子中，如果销售人员说"这车子保养得真好"，就说明他注意到了车主的活动，其观察能力和思维方式都已入了赞美之"门"，掌握到了赞美奥秘。

当一个销售人员到客户家里访问，首先应对客户的哪些东西进行赞美？

高明的销售人员会针对对方的能力大发感慨。到客户家里拜访，说："这房间布置得真别致，富有特色。"这是在赞赏客户的审美观。同样，对汽车也可以从"独特的"车内装潢进行赞美，这样比仅仅说"保养得好"强很多。同样，对一个女孩子说："这样的衣服穿在你身上，可真是绿叶扶红花！"这仅仅只是表达出了欣赏对方的眼光。如能紧紧盯住对方的知识、能力、品味，将赞美做到这一步，则说明你有一定的造诣了。

除了"你很能干！"之类的一般赞美外，恭维客户的"精明"，向客户"请教"等，都是销售人员常用的赞美绝招。

销售人员赞美客户，就是为了让对方获得"自己非常美好"的感觉。一个人的外表有美丑之分，能力有高低之别，这些都是难以求全的。但是一个人的心灵与其外貌、能力没有什么必然关系。明白这一点的销售人员，就会聪明地把赞美的目标转到对方的心灵上。

"你的眼睛又清澈又明亮，透过这两扇心灵之窗，我看到了一颗纯洁的心！"

"你开车这么稳，又谨慎又稳健，太好了！"

"你喜欢储蓄？好啊！谨慎、稳当。"

"你太热心了！"

"真没想到你这么细心！"

当你看到这段文字时，请你想象一下，如果有人对你说这样的话，你会有什么感觉？如沐春风吧。

在人际交往中适度听到一些被夸奖、赞美的话，博取美誉，是人所共有的心理需要。说"美"话就是对对方非凡的经历、伟大的事业、卓越的贡献、高尚的人格、良好的声誉、优秀的才能表示由衷的赞美，或者在表示理解尊重的同时，从正面用道德、荣誉等引导对方做好具体的言行。

用赞美激励对方，使其同时也形成自励，从而以更高的标准自觉地、严格地要求自己，在继续奋斗的过程中更加完善。赞美根据内容的不同，可分为直接赞美和正面激励两种方式。直接赞美是因对方已经获得良好的声誉而赞美对方；而正面激励是为了调动对方积极性、情操方面的精神力量，希望其创造良好的声誉。

美国著名心理学家威廉·詹姆士说："人类本性上最深的需要之一是期望被赞美、钦佩、尊重。"渴望赞美是每一个人内心中的一种基本愿望。所以，当你生活在社会当中，要想在善意、和谐的气氛中对别人有所帮助，就应该去寻找别人的价值，并设法告诉他，让他觉得那价值实在值得珍惜，从而创造出一个崭新的自己。这样，你便等于扮演了鼓励他、帮助他的角色。这就是赞美的意义之所在。

## 别让赞美帮了倒忙

虽说人人都喜欢听赞美之词，但也并不是无条件地喜欢一切赞美自己的言论。"拍马屁"若拍得不得法，不仅达不到预期的目的，反而会引起对方的反感。

比如说，有的销售人员去客户家销售时，只要看见主人是女的，张口就说："您长得真漂亮！""您打扮得真好看！"或

"您显得真年轻！"像这种一点铺垫都没有的赞美，太不自然了，碰上脾气好的至多不过说你"神经病"，然后把门关上，要是碰上脾气不好的，可能会吵架。

怎样使你的赞美话说出来时不显得唐突呢？有一位销售人员是这样做的：

他敲开一客户的家门，看见开门的是一位十分年轻的妇女时，便故意装出一副惊慌失措的样子，可怜巴巴地说："真对不起，小姐，我是个销售儿童游戏卡的销售人员，我本来是想找一家有小孩的，没想到打扰您了。"

那少妇有些火了："我就有孩子。"这位销售人员又赶紧装出一副很惊诧的样子，看了她半天，才用惊奇的语调说："啊，请原谅，没想到您已经有了孩子，您是这么年轻、漂亮，真不敢相信。"正如他所预料的那样，那位少妇的脸上又有了笑容。

此外，赞美还必须符合事实，倘若对方长相很普通，甚至可以说还有点难看，此时你却夸她有一张漂亮的脸蛋，这样的赞美是收不到任何好的效果的。最好的办法是选中对方最心爱的东西、最引以为豪的东西进行赞美，这样的赞美无论怎样过分，对方都不至于气恼。

赞美是一件好事，但绝不是一件易事。赞美别人时如不审时度势，也会使好事变为坏事。

某著名化妆品公司销售代表小李，深谙赞美之道。但是，在他刚刚步入销售人员的行列时，也曾因赞美不当而得罪了客户。

那天，他拜访一位刘小姐，恰巧刘小姐的一位闺中密友也在，为了争取到更多的客户，给刚刚认识的女士们留下一个好的印象，他决定依靠赞美这一"战术"来达到打动她们的目的。

出于这样的心理，于是他对刘小姐说："您的朋友很漂亮。"刘小姐的朋友听了很高兴，走过来跟小李握手，又对他的化妆品问这问那，显得很热情。

小李很得意，认为自己的赞美话术奏效了。事实上也的确如此。但就在此时，小李转过头发现刘小姐一言不发，好像很不高兴的样子，对自己也不再热情。小李心里明白自己对其他人表示赞美之意而将主人刘小姐忽略了，这就犯了销售的大忌。小李心里一急，又加了一句话："就是皮肤黑了点。"

这时，杠杆平衡了。但是，结果并不是两个人都对他热情有加，而是都对他冷眼相看，认为这个人怎么这么不会说话。就这样，小李不但失去了两个潜在的客户，而且令自己的颜面尽失。

为了避免你的赞美引起误解，不要突然没头没脑地就大放颂辞。你对对方的赞美应该与你们眼下所谈的话题有所联系。

在表扬或赞美他人时请谨慎小心，注意你的措辞，尤其要注意以下3条基本原则：

（1）列举对方身上的优点或成绩时，不要举出让听者觉得无足轻重的内容。

例如，向客户介绍自己的销售人员时说他"很和气"或"纪律观念强"之类和销售工作无关的事。

（2）你的赞美不可暗含对对方缺点的影射。

例如，这样一句口无遮拦的话："太好了，在一次次半途而废、错误和失败之后，您终于大获成功了一回！"

（3）不能以你曾经不相信对方能取得今日的成绩为由来赞

美他。

例如，"我从来没想到你能做成这件事。"或是"能取得这样的成绩，恐怕连你自己都没想到吧。"

另外，你的赞美不能是对待小孩或晚辈的口吻，例如，"小伙子，你做得很棒啊，这可是个了不起的成绩，就这样好好干！"

总之，赞美就像空气清新剂，可以振奋对方的精神，让人舒适，但也必须清楚，再好的清新剂也有过敏以致反感者，更何况人与人之间的关系如此复杂。

## 用赞美堵住客户的嘴

业绩非凡的化妆品销售人员A君介绍经验时说："我的前辈常教导我说，销售化妆品时，首先要了解化妆品的本质。一般来说，化妆品算不上生活必需品，甚至可以把它归入生活奢侈品之列。因此，大多数的人会以'太贵了'为拒绝的借口。所以，在销售时就要狠下工夫，多利用一些赞美之词来'堵住'客户的口，从而掏出他的钱包。"

有一次，A君向一位社交型的太太销售化妆品，她一开始就拒绝销售人员于千里之外。这时，A君突然发现她家门厅里有一只女用高尔夫球袋，A君立刻计上心头，便话锋一转说道："这球袋是您的吗？"

太太："是啊！"（态度开始有所好转）

A君："您的球袋真漂亮。"

太太："噢，这是我去年到欧洲旅游时在巴黎买的。"

A君："您是高尔夫球的爱好者吗？"

太太："可不是，为此我可花了不少的钱呢。"（流露出自豪的神情）

A君："是啊，高尔夫球是富裕阶级的娱乐活动。"

太太："你说得不错，在国外，高尔夫球是上层社会人士喜爱的高级娱乐。"

当这位太太眉飞色舞地谈论时，A君不失时机地说："是的，这种化妆品不是便宜货，的确贵了一点，所以用它的女士均是高收入者，而且，使用这种化妆品就如打高尔夫球一样，能显示出您的身份！"

这句话正中了这位太太的下怀，销售人员的附和使这位太太挣足了面子，为了使自己不失面子，她无法再说出"没钱"的借口了。

在销售过程中，如果听到"没钱"，千万别泄气。的确，钱是决定成交与否的关键性因素，但是应该相信，"没钱"很可能只是一种借口罢了。所以，销售人员要避免与"没钱"这个借口做正面交锋，应采取迂回战术，在客户还没有借口说"没钱"时，就预先"堵住"这个借口，让他说不出"没钱"，那就只有掏腰包了。

美国著名的销售商戴维先生，讲了一个他亲身经历的有趣故事。

一位中年客户和他谈了15分钟后，这位客户向戴维订购了一个热水器和一个新式煤气灶、一台电子微波炉，并约定第二天早上8点钟来取货。可是第二天，这位客户却打电话给戴维先生说："不要了。"戴维先生既没有生气，也没有埋怨，他驱车前往他家，微笑地询问："为什么呢？您昨天不是高高兴兴地和我闲聊这些产品的好处吗？"

"我太太说免了，因为把水放在煤气灶上烧就可以了，以前的煤气灶还可以用。"

"那么电子微波炉呢？"

"我太太说家里有电炉，何必再花那么多钱。"他还接着说，"我太太说准备省一些钱给我买一辆摩托车。"

戴维先生突然打断他，问道："对了，您不是刚买了一套新楼房吗？"

"是刚买。"

戴维先生继续问道："以先生的财力买一辆摩托车易如反掌，从前怎么不买呢？"

"那时我太太一直怕我骑摩托车有危险。"

"现在难道就不怕了吗？"说到这里，两个人都不禁哈哈大笑。

戴维接着又说："先生，依您的财力和身份，我看买汽车才和您的身份相配！德国的奔驰、美国的福特、日本的丰田，七八万就可买到八四式或八五式。有了汽车，不但会提高您的身价，而且事业会取得更大的成功……您希望要大型的，还是小型的？"

这位客户支支吾吾地说："买汽车是我多年的愿望，就不知道买哪种好，您是生意内行人，是否能帮我……"

"我也只是略知一二，不过我乐于效劳，但是新房子、新汽车和旧灶炉是很不相称的啊！"

听了戴维先生的谈话，那位客户不禁说："是啊，我们还要热水器、煤气灶，还有电子微电炉，请您马上派人给我送货，顺便也请几个人给我安装。"

"噢，您要慎重考虑，不要勉强自己，您太太的意思是应该考虑考虑的。"

"没关系，没关系，这事还是我说了算。其他就拜托您了。"

通过以上事例，我们可从中了解到客户退货并非是因为缺乏支付的经济能力，而是想买摩托车。为什么要买摩托车呢？因为他觉得那样与自己的身份、地位更相称。于是戴维先生就抓住这个想提高自己身份、地位的欲望为突破口，劝他买汽车，"燃烧"起对方对高层次生活的欲望，然后话锋一转，使对方觉得原来的订货和他想提高社会地位的欲望并不矛盾，于是便水到渠成地完成了原来的交易。

## 销售圣经：赞美客户的关键方法

在实际生活中，每个人都希望被人所知，被人承认，被人提起，被人赞美。对于大多数客户而言，这种方法是比较容易接受的。

以下是使用赞美的要点：

1. 选择适当的赞美目标

销售人员必须选择适当的目标加以赞美。若客户讲究穿着，你可向他请教如何搭配衣服；若客户是知名公司的员工，你可表示羡慕他能在这么好的公司上班。

就个体客户来说，个人的长相、衣着、举止谈吐、风度气质、才华成就、家庭环境、亲戚朋友等，都可以给予赞美。

就团体客户来说，除了上述赞美目标之外，公司名称、规模、产品质量、服务态度、经营业绩等，也可以作为赞美对象。

不论是赞美个人还是赞美集体，不论是赞美人物还是赞美事物，都应该选择最佳赞美目标。如果销售人员胡吹乱捧，则必将弄巧成拙。销售人员尤其应该注意分析销售环境，认真进行接近准备，切不可弄错赞美目标。

2. 选择适当的赞美方式

事实上，不合实际的、虚情假意的赞美，只会使客户感到难堪，甚至会产生反作用，导致客户对销售人员产生不好的印象。因此，销售人员赞美客户，一定要诚心诚意，要把握好分寸。

对于年老的客户，应该多用间接、委婉的赞美语言；对于年轻的客户，则可以用比较直接、热情的赞美语言。对于不同类型的客户，赞美的方式也应不同。例如，面对严肃型的客户，赞语应自然朴实，点到为止；对于虚荣型客户，则可以尽量发挥赞美的作用。

3. 注意并不是所有的客户都乐于接受赞美

就算是同一个客户，在不同的销售环境里，在不同的心境下，对相同的赞美方式也会有完全不同的反应。事实上，有些客户喜欢表现自己，尤其是在别人面前加以炫耀，这类客户希望得到销售人员的赞美，而得到了不适当的赞美便有一种被人看不起的感觉，销售人员冷落这类客户便等于冷落自己。也有些客户不愿意与销售人员作过多地交谈，更不愿意销售人员评头品足、说三道四，尤其不喜欢销售人员触及自己的个人或家庭私事，认为销售人员的所谓赞美只不过是一种愚弄客户的手段而已，因而，对销售人员的赞美不以为然，甚至十分反感。

# 第三章　说好专业话：
## 　　　先做行家，再做卖家

一位著名企业家说过："无论是客户还是老板，都只需要专业的人才。"销售人员是否具有良好的业务素质，直接影响其工作业绩。销售人员应具备的业务素质是指其业务知识。一般来说，业务知识主要包括公司知识、产品知识、客户知识、市场知识等方面。

作为一个优秀销售人员，必须了解自己的公司、自己所销售的产品、自己将要面对的竞争者，成为行家，才算是一个职业销售人员。

## 销售人员应是产品行家

商场里出现了这样一幕：

客户：小姐，这台冰箱为什么比那一台贵那么多钱？

销售人员：因为比另一台要好一些。

客户：这个我清楚，可是我想知道的是，究竟好在哪里？它有什么突出的优点，要贵那么多的钱？

销售人员：嗯，这个我不清楚，我只是负责卖的。

客户：真是奇怪的理由，你既然卖它，却不知道它到底有什么优点？你不能告诉我它有什么优点，又怎么能把它卖给我呢？

销售人员：……

销售人员应具备的业务素质是指其业务知识。一般来说，业务知识主要包括以下5个方面。

1. 企业知识

在销售前，你首先是向客户介绍你的公司，所以，对公司的各种情况，你都应了如指掌。

尤其当你想和陌生的客户之间建立信任感的时候，公司的信誉更能发挥作用。不设法说明你公司的优势是一个错误。但确有一些销售人员在这方面犹犹豫豫，因为他们心里没底。实际上，只要你方法得当，客户就会乐意与你做生意。

2. 产品知识

要想成功地打动客户，再有力的口才也不及性能优越的产品本身。销售人员的责任就是如何将这些优越性以最吸引人的方式或语句展示给客户，因而销售人员自己应先对所销售的商品有一个正确的、透彻的认识。

雅芳公司拥有百年历史，其业务遍布五大洲120多个国家和地区、销售代表逾200万人、年销售额达几十亿美元。公司对其旗下的销售人员有一条不成文的规定：每个销售雅芳产品的人都必须是该产品100%的客户。切身体会无疑是销售人员最具说服力的底牌，只有亲身试用，以一个客户的角度去品评自己的产品，才会获得最可靠的第一手资料，才会对产品真正拥有信心，并把这种信心带到每一次销售中，用这种信心去感召每一位客户。销售人员也只有真正了解了产品，才会对客户所提出的与产品本身紧密相关的问题做到心中有数、应对自如。

### 3. 客户知识

销售人员应善于分析和了解客户的特点，要知晓有关心理学、社会学、行为科学的知识，了解客户的购买动机、购买习惯、购买条件、购买决策等情况。能针对不同客户的不同心理状况，采取不同的销售对策。

### 4. 市场知识

销售人员直接与市场、客户接触，能及时、准确地捕捉市场信息。他们是公司搜集市场信息的重要途径，是公司信息的主要来源之一。

销售人员向公司反馈的信息包括：客户信息，市场供求信息，产品经营效果信息，同业竞争对手的信息。

销售人员在销售过程中有意地收集各种信息，加以整理、分析，及时反馈给公司，就使公司能够掌握市场动态，相应地作出调整，大大增加了对市场信息的敏感度。

### 5. 法律知识

当销售人员做成一笔买卖时，从法律上讲，买卖双方同时承担相应的权利和义务，即双方当事人产生了法律关系。因此，销售人员应了解相关的法律知识，例如，经济行为是否具有法律效力；签订合同的基本原则；签订合同的程序；合同的主要内容；合同的变更和解除程序；违约的责任及其认定；合同的鉴定和公证；代理与担保，以及发生纠纷时，仲裁和诉讼程序等。此外，还要了解税法、有关银行结算和票据管理的法律规定，甚至对外贸易法律等。

## ⬤ 专业话一定要说得清楚

一位经验丰富的采购员用轻松的言语讲述了他碰到的一个不会用客户语言讲话的年轻销售人员的经历：

在过去的3个月里，我受命为办公大楼采购大批的办公用品，结果我在实际工作中碰到了一种过去从未想到的情况。首先使我大开眼界的是一个销售信件分报箱的销售人员。我向他介绍了我们每天可能收到信件的大概数量，并对信箱提出一些要求，这个小伙子听后，考虑片刻，便认定我们最需要他们的CSI。

"什么是CSI？"我问。

他语气中还夹着几分悲叹，"这就是你们所需要的信箱。"

"它是纸板做的、金属做的，还是木头做的？"我又问。

"噢，如果你们想用金属的，那就需要我们的FDX了，也可以为每一个FDX配上两个NCO。"

"我们有些打印件的信封会相当的长。"我说明。

"那样的话，你们便需要用配有两个NCO的FDX转发普通信件，而用配有RIP的PII转发打印件。"

这时我稍稍按捺了一下心中的怒火，"小伙子，你的话让我听起来十分荒唐。我要买的是办公用品，不是字母。如果你说的是希腊语、亚美尼亚语或英语，我们的翻译或许还能听明白、弄清楚你们产品的材料、规格、使用方法、容量、颜色和价格。"

"哦，"他开口说道，"我说的都是我们的产品序号。"

我运用律师盘问当事人的技巧，费了九牛二虎之力才慢慢地从他嘴里搞明白他的各种信箱的规格、容量、材料、颜色和价格。

对于销售人员来说，首先要明确一点，那就是来购买产品的客户不都是行家。真正的行家来购买你的产品，可能根本不需要你的介绍，而那些需要你介绍的客户大部分都是门外汉。这时，你能否将专业的词汇向客户表达清楚，是取得客户信任的一个关键因素。

说话的真正目标，就是为了使对方能够清楚地理解，如果你说了一些令人费解的话，那是没有任何意义的，说了还不如不说。所以，要多使用客户听得懂的词汇。

1. 使用他人能理解的词汇

"当研究者出现之时，给他的克摩尼，借由在空间的持续移动，而成为有视化的地区，最小的限度，以及到达同一时段。"这段文章使用的词汇，虽然都可以在专业书籍里查到，但是不论是谁看了，都感到令人费解。所以不要使用让别人无法理解的词汇。

上述所提到的文句，可称作是"研究家的语言"。这种语言是谁也无法了解的。但是使用这种"研究家语言"的人相当多，不要为了表现自己是多么有能力，而使语言变得深奥难懂。

2. 使用描绘性的词汇

使用描绘性的词汇，你就能栩栩如生地描述出话题了。那么如何使用描绘性词汇呢？

仔细地观察你的家和你工作场所的周围事物，练习使用描绘性的词汇来表达。在你叙说关于意外、闲话的时候，请先闭上眼睛几秒钟，开始在你脑中绘一幅图案，之后再说明那图案便是。

以"在家的院子里，有小屋和长椅，橡树果实落满地。"的说法来代替"在家的庭院里，有几棵树。"不是更生动吗？

以"我们家有小猫、小狗，也有德国名牌汽车，家附近有200多间相互并列的房子，而我们便沿着郊外弯曲的道路而居。"的说法来代替"我们住在郊区！"不是更活泼吗？

使用描绘性的形容词，这样，听者才会引发无限的兴趣。

3. 使用听起来让心情愉快的词汇

还有，要避免使用让人心情不佳的词汇。例如，笨蛋、胡说八道等。不要总是使用一些枯燥乏味的词汇，同样的意思及表达不要一直反复，否则听的人心情是会不舒服的。因此，你要用一些其他的词汇来代替这些使用频繁的词汇。

有一位朋友，他这样对我说："我的父亲，虽然已75岁了，却从来不使用咒骂人的词汇。即使不用冒渎的词汇，还是有很多的词汇可以使用。"

使用粗俗不堪的语言文字，要给人留下良好印象是不可能的，只会给人留下恶劣的印象。所以你要留心，使用一些让客户感到心情愉悦的语汇。

总之，将专业话说得清楚，让每一位客户都能听得懂，这是销售人员必须要做到的。

## 🔘 说专业话的基本功

有一位销售人员，他发现自己经常无法把要说的话在限定的时间内说完。他也许花了40分钟赶到一位客户家中，后来却只有15分钟介绍自己的产品。他发现自己最大的困难之一是如何组织自己应该说出的话。后来，他请教了一位语言专家，专家听了他的情况之后，建议他从学会调整自己的语速开始。在他开始练习调整语速之前，一般人只需要10分钟便可轻易讨论完的问题，他却要花15分钟。

通过训练，他可以在10分钟内有效地讨论别人要花20分钟的问题，他可以随意地加快或减慢速度。

你可以放慢自己的速度，以满足客户的需要；你可以根据一天的工作安排、客户的类别、当时的气氛等因素，来调整自己说话的语调和语速，以应付不同情景的需要。

语言表达得灵活、规范与否，反映出一个人处世应变的能力和专业素养，它是销售人员应具备的基本功。

1. 措辞严谨，表达准确

一名合格的销售人员应当根据不同对象、不同情境，选择和调整销售用语。

在察言观色、见机行事的前提下，抓住最能打动客户的方面，恰如其分地运用朴实无华的销售用语，使其通俗易懂又真实可信；对客户而言，对所销售产品过于夸张的语言只会令人怀疑甚至反感。

积极的销售用语是指为客户着想，谨慎而不失巧妙地表达自己对所销售产品的准确见解，使客户心中有数，主动认同并产生购买行为。

2. 谈吐文雅，语言得体

销售人员必须遵循合作、礼貌的原则，保持尊重客户、诚恳待人的态度，运用温和委婉而具有礼节和分寸感的说话方式，这是销售人员良好素养的体现。

3. 声情并茂，抑扬顿挫

情感投入与声音控制是一个人气质与风度、魅力与能力的体现，它是销售技巧的重要因素。

（1）个人形象的塑造。个人形象是一种无声的语言。它通过服饰打扮、表情体态、动作习惯等富有暗示性的细节，传达出销售人员的个人修养、精神面貌及心理状态；它是冲击客户"第一道防线"的试金石。

一般来说，整洁大方、诚实稳重、亲切随和、自信开朗的个人形象，容易在客户心目中建起良好的第一印象。

（2）语言的感染与留白。语言的运用对销售人员来说，固然可以凭着侃侃而谈、滔滔不绝的良好口才表现出感染力；但对客户而言，不留余地的谈话是令人烦躁的。它往往会破坏交流，从而给人以夸夸其谈、强词夺理甚至目中无人的感觉。表达的节奏感是销售语言必须掌握的"火候"。

所谓"点到为止""引而不发""过犹不及"等无不表明：融洽、友好的交谈必须举止文雅、用词简洁，才能达到游刃有余、应付自如的理解与默契境地。

"先声夺人"在销售人员那里只能是失败之举；同样，没有反馈空间的谈话只能是劳而无功。

（3）感情基调的把握。销售人员在与客户交流中，必须调配好感情色彩。例如，赞美对方不能毫无节制和根据地阿谀和吹捧，让人以为不怀好意；同时，交流必须平等，不能巴结或乞怜，低声下气的销售人员是不受欢迎的。

真诚而不虚伪，热情而不过分，亲切而不攀附等，都是销售人员应把握好的感情尺度。

## 进行良好的产品介绍

良好的产品介绍更需要专业的语言，例如，销售新式电子游戏类玩具时，销售人员可以这么说：

"客户，您好！我店新到一批新式电子玩具，类型和样式很多，从低档到高档都有。低的为三四十元，高的为 1 000 元以上。因为是新式玩具，初销时的价格较低，它不仅可以开发儿童智力，而且可以当做家庭装饰品，这样一来您就不用愁玩具没处放了。您瞧，这里有一系列从最简单到最复杂的玩具，制作质量很可靠，外型采用最新式的一体构造法，不易损伤。如果您要购买，可以让您的小孩从简单的玩具玩起，然后再玩较复杂的玩具，这对开发儿童的智力、提高他们的积极性很有益处。还有一点需要说明的是，这种玩具不仅适合儿童，而且更适宜作为开发子女心智的教具，最高级类型结构较为复杂，可自己动手组装成另外一种您所喜欢的玩具。出售这类玩具的同时，赠送一套组装零件，相信您一定会开发出更多的功能。"

在这里，需要推出一个FABE的概念。

所谓FABE指的是这4个方面的内容：F代表产品的特征，A代表产品的优点，B代表客户的利益，E代表证据。

简单来说，要求销售人员在销售产品之前，能够按照FABE做好详尽的说明准备工作，即先把产品分解成若干个部分：机能、外型、材料、耐久性、使用方便程度、品质、用途、价格等，然后就每一个部分写下它的特征，以及由此而产生的优点，而这些优点又能给客户带来什么利益，最后还必须列举出该产品的确能给客户带来利益。这样销售人员与客户面谈时能有条不紊地进行。

有位销售人员来到一家零售店，向负责人建议，在玻璃制品柜中增加一项新产品——厨房常用的调料瓶。销售人员用FABE法这样开始他的介绍：

"经理，您好！这是我们日用玻璃厂新开发成功的厨房用的调料瓶，也是本厂今年的主要新产品。请允许我打扰您几分钟，向您作个详细的说明。

（拿起样品）我们打开它的盖子，有舌状的倒出口，出口上刻有7厘米的槽沟，可以防止瓶内的液体外漏；而注入口可以倒入各种液体，例如，油、酱油、醋，等等。

这个瓶的最大优点是，倒完瓶内的调料后，瓶口不会沾有残余的液体，可以保持周围的清洁，非常卫生。据我们所知，目前在市场上尚未有同类产品，相信销售前景相当可观，也可给您带来很大利益。本厂曾选择100个客户进行实验，经过1年的试用，反映甚佳。

我们再来看看它的外型。正如您所见，它有着光洁的圆锥型外表，圆状的盖子，摸起来舒服，看起来别致。有红、黄、绿3种颜色，可供客户选择。

由于它具有时髦而现代感十足的外型，所以不仅可以放在厨房，而且也可以放在餐桌、食品柜中，为家庭陈设增添光彩。放在贵店销售，不会占据太大的空间，看起来又很赏心悦目，可以提高商店的形象，定能吸引客户的眼光，实现畅销……"

如上文所述，产品的性能、外型到颜色都能无一遗漏地详细陈述，销售人员说得头头是道、有条有理，客户也听得明明白白。使用这种方法，有以下4种优点：

（1）方便销售人员做产品说明，由于准备得充分且全面，销售人员介绍起来就会显得信心十足；

（2）由于此种方法是站在客户的立场上考虑的，所以解说起来容易为客户所理解；

（3）此种方法以事实为根据，有相当的逻辑性：特征→优点→利益→证据，所以比起其他的方法来说服力强；

（4）由于分析得很具体，就可以仔细观察客户的反应，把握客户的真正兴趣或真正的需要所在。

另外，在介绍产品的时候，还有一种方法可以让客户对产品了解得清清楚楚、明明白白，那就是：让产品自己"说话"。

让产品先接近客户，让产品作无声的介绍，让产品默默地销售自己，这是产品接近法的最大优点。例如，服装的珠宝饰物销售人员可以一言不发地把饰物送到客户的手中，客户自然会看饰物，一旦客户产生兴趣，开口讲话，接近的目的便达到了。

运用产品接近客户时有如下应注意的事项：

（1）产品本身必须具有一定的吸引力，能够引起客户的注意和兴趣。

客户对产品有兴趣，才能达到接近客户的目的。在客户看来毫无特色、毫无魅力的一般产品，不宜单独使用产品接近法。在实际销售工作中，不同的客户会对不同的方面比较注意，会有各自不同的兴趣。有人关心产品的技术指标和性能，有人关心造型和色彩。正如人们所说："内行看门道，外行看热闹。"因此，销售人员应发挥产品优势，选用适当的接近方法。

（2）产品本身必须质地优良，经得起客户反复接触，不易损坏或变质。

销售人员应准备一些专供客户试用的产品，平时注意加以保养，以免在客户操作时出毛病，影响销售效果。

（3）产品本身必须精美轻巧，便于销售人员访问携带，也便于客户操作。

笨重的庞然大物、不便携带的产品不宜使用产品接近法。例如，重型机床、房地产、推土机就不好利用产品接近法。但是，销售人员可以利用产品模型、产品图片等作为媒介接近客户。

（4）销售的必须是有形的实物产品，可以直接作用于客户的感官。

看不见、摸不着的无形产品或劳务，不能使用产品接近法，例如，理发、洗澡、人寿保险、旅游服务、电影入场券等，都无法利用产品接近法。

## 表现专业，帮客户做选择

一位客户在两种自行车之间犹豫不决，这时，销售人员走了过来，说：

"几年前，我和我6岁的儿子去买一辆自行车。我们到甲车行，对每辆64.95美元的标价吃了一惊。在当时，这是相当大的数目，节约的父母，谁会为一个6岁的孩童花这么多钱买辆自行车？我们转而走向乙车行，花了34.95美元买了一辆廉价自行车。

"大约6个星期后，我们回到那家店里买一对新把手，花去4.50美元。60天以后，我们又回到那家店买了一个链条，大约花掉了15美元。又过了几个星期，我们再一次来到该店，因为轴承损坏了，我又付出5美元。到这时候，我才肯定这辆车无可救药了。于是我们又到甲车行花了64.95美元买了一辆新的。

"现在让我们来作个分析：

"从价格看，乙车行的自行车单价是34.95美元，而甲车行的自行车是64.95美元。再看代价，一辆廉价自行车的代价是34.95+4.5+15+5，合计是59.45美元。这辆车骑了6个月，每月代价为大约10美元。

"甲车行自行车单价为64.95美元，骑了10年，每年代价为6.50美元，而它至今仍然是一辆好车子，只是外观旧了一些。

"好了，客户先生，事情很清楚，便宜的自行车价格要低，而代价却高得多。因此，我想再问您，您关心的是价格，还是代价呢？价格是一次性的，代价则是您取得这个产品后要一直关心的问题。如果您关心的是代价，您还有什么理由不立即坐享最低代价的益处呢？

"客户先生，本公司尽一切努力使产品尽善尽美，绝不使用廉价原料来制造凑合能用的产品，您肯定清楚地知道：好货不贱卖，贱卖货不好。您肯定要高质量的产品，不是吗？"

客户听了以上一席话，肯定会毫不犹豫地选择购买贵一点的车子。值得提醒的是，销售人员以自己的亲身经历为例，这显然更具有说服力。

再来看下面的例子。

某公司原考虑向一家汽车制造厂购买一辆4吨大卡车，后来为了节省开支，又打消了主意，准备购买另一家的2吨小卡车。汽车制造厂得知这一消息后，立刻派出有经验的销售人员走访该公司的主管，了解情况并争取说服该公司仍旧购买该厂的产品。这位销售人员果然不负众望，马到成功。

销售人员：您需要运输的货物平均重量是多少？

主管：那很难说，2吨左右吧！

销售人员：有时少，对吗？

主管：对！

销售人员：究竟需要哪种型号的卡车，一方面要根据货物的数量，另一方面也要看在什么公路上行驶，您说对吗？

主管：对。不过……

销售人员：假如您在丘陵地区行驶，而且在冬天，这时汽车本身的压力是不是比平时的情况下要大一些？

主管：是的。

销售人员：据我所知，您公司在冬天出车比夏天多，是吗？

主管：是的。我们夏天的生意不太兴隆，而冬天则多得多。

销售人员：那么，您的意思就是这样，您公司的卡车一般情况下运载货物为2吨，有时会超过2吨，冬天在丘陵地区行驶，汽车就会处于超负荷的状态。

主管：是的。

销售人员：而这种情况也正是您生意最忙的时候，对吗？

主管：是的，正好在冬天。

销售人员：在您决定购买多大马力的卡车时，是否应该留有一定的余地比较好呢？

主管：您的意思是……

销售人员：从长远的观点来看，是什么因素决定一辆卡车值得买还是不值得买呢？

主管：那当然要看它能正常使用多长时间。

销售人员：您说得完全正确。现在让我们比较一下。有两辆卡车，一辆马力相当大，从不超载；另一辆总是满载甚至经常超载，您认为哪辆卡车的寿命会长呢？

主管：当然是马力大的那辆车了！

销售人员：您在决定购买什么样的卡车时，主要看卡车的使用寿命，对吗？

主管：对，使用寿命和价格都要加以考虑。

销售人员：我这里有些关于这两种卡车的数据资料。通过这些数字您可以看出使用寿命和价格的比例关系。

主管：让我看看。（主管埋头于资料中）

销售人员：怎么样，您有什么想法？

主管：如果我多花5 000元，我就可以买到一辆多使用3年的汽车。

销售人员：一部车每年可盈利多少？

主管：少说也有5万～6万元吧！

销售人员：多花5 000元，3年盈利10多万元，还是值得的，您说是吗？

主管：是的。

在上述的例子中，一桩濒于绝境的生意凭这位销售人员的巧舌挽救了回来。这位销售人员从客观分析到给出建议，无不体现了自己的专业。

客户一旦觉得你是内行人，就会十分乐意地听取你的建议，你的销售也就完成了。

##  "专家演示"成功销售

在销售界，有一种演示成交法。这是比较传统的销售方法，是指销售人员用行动的形式提示客户实施购买的方法，再配以专业化的语言，就会事半功倍。演示成交法用实际动作示范向客户展示了产品的优异与可给客户带来的利益，会产生很好的直观效果。

在现代销售活动中，有些场合仍然可以用演示的方法接近客户。

一个销售人员进入客户的办公室后，彬彬有礼地向客户打招呼，然后指着一块粘着污垢的玻璃说："让我用新投放市场的玻璃清洁剂擦一下这块玻璃。"果然，涂上这种清洁剂可以毫不费力把玻璃擦洗干净。这一番表演立即引起了客户的兴趣，主动上前打听销售人员手中的新产品。

"我可以使用一下您的打字机吗？"一个陌生人推开门，探着头问。在得到主人同意后，他径直走到打字机前坐了下来，在几张纸中间，他分别夹了几张复写纸，并把它卷进了打字机。

"您用普通的复写纸能复写得这么清楚吗？"他站起来，顺手把纸分给办公室每一个人，又把打在纸上的字句大声朗读了一遍。毋庸置疑，来人是上门销售复写纸的销售人员，疑惑之余，主人很快被这复写纸吸引住了。

这是出现在上海市浦东新区某家誊印社的一个场景。不言而喻，销售人员当场获得了这家誊印社一份数额可观的购买合同。

在现代市场环境中，这种技巧仍有重要的使用价值。销售人员用夸张的手法来展示产品的特点，从而达到接近客户的目的。

例如，一位消防用品销售人员与客户见面后，并不急于开口说话，而是从提包里拿出一件防火衣，将其装入一个大纸袋里，然后用火点燃纸袋，等纸袋烧完后，纸袋里面的衣服仍然完好如初。这一夸张的演示，使客户产生了极大的兴趣，没费多少口舌，这位销售人员便拿到了订单。

又如，一家铸砂厂的销售人员为了向某铸铁厂销售其产品，在见到铸铁厂采购负责人之后，一声不响在负责人面前摊开两张报纸。然后从皮包里取出一袋砂，摔在其中一张报纸上，顿时屋内飘起了灰尘。正当负责人即将恼怒之际，销售人员不慌不忙地说："这是目前贵厂所采用的砂，是我从你们现场取来的。"说着又从皮包里取出另一袋砂，摔在另一张报纸上，却几乎没有什么灰尘。销售人员接着说："这是我厂的产品。"销售人员的一系列演示，引起了负责人的惊讶。销售人员就这样成功地接近了客户，并且顺利地开拓了一家大客户。

一个口述录音机的销售人员来到一个客户的办公室，这位客户可能向他大批订货。而在这个时候，客户正忙着打电话，他让销售人员坐下来稍等片刻。在客户打电话时，销售人员把口述录音机的开关打开，按下录音键。当客户打完电话准备洽谈时，销售人员把口述录音机录下来的谈话内容放了一遍，客户马上对口述录音机产生了兴趣。

从某种意义上说，销售人员就好比一位演员，扮演好这一角色就会促进产品的销售；反之，则一事无成。

一位西装笔挺的中年男士走到玩具柜台前停下，销售人员站起来迎上去。

男士伸手拿起一个声控玩具飞碟。

"先生，您好！您的小孩多大了？"销售人员笑容可掬地问道。

"6岁！"男士说着，把玩具放回原位，眼光又转向其他玩具。

销售人员把玩具放到地上，拿起声控器，开始熟练地操纵着，前进、后退、旋转，同时又边说着："小孩子从小玩这种声音控制的玩具，可以培养强烈的领导意识。"接着，销售人员把另一个声控器递到男士手里，于是那位男士也开始玩起来了。大约两三分钟后，销售人员把玩具关掉。

"这一套多少钱？"

"450元！"

"太贵了，算400元好了！"

"先生！跟令郎的领导才华比起来，这实在是微不足道！"销售人员稍停一下，拿出两节崭新的电池，说，"这样好了，这两节电池免费奉送！"说完便把一个原封的声控玩具飞碟，连同两节电池，一起塞进包装用的塑料袋里递给男士。

男士接过玩具问道："不用试一下吗？"

"品质绝对保证！"销售人员送上名片说，"我们公司来这办展示，已经交过一笔保证金！"

一个出色的销售人员，必须熟悉自己所卖的产品性能、特征、优点和用途，同时还要了解客户，用最有效的巧妙语言诱导客户，并给客户留下毋庸置疑的印象，这样做一定能深得客户的欢心，从而促进产品销售。

在运用演示成交法时应注意以下5个方面：

（1）演示动作要设计好、排练好

优美、专业的动作，在销售时能引起客户的注意，并能保持购买的兴趣。

（2）表演的演示动作应该自然而不造作，优美而不夸张

由于很多人讨厌江湖卖膏药的那套把戏，所以，动作越接近生活、接近实际，就越能打动客户的心，越有说服力。

（3）演示动作要尽量突出产品的主要优点

在设计动作时，应反复推敲以利于多方面展示产品的优点。

同时，演示的动作要针对客户的主要购买动机。

（4）演示过程中应尽量鼓励客户参与

由客户本人重复做一些演示动作，销售的效果会更好。因为它符合客户的认同心理。对比销售人员而言，客户更相信自己，因此，由客户参与表演，不仅对他本人，对其他客户也都更有说服力。

（5）演示的动作和说明的内容一定要真实

用于演示的样板产品，与以后供应给客户的产品应保持一致性，销售人员一定要坚信："人无信不立，业无信不兴""人敬我一尺，我敬人一丈"。

## 🔘 让数字说话更显专业

拿破仑有一次检阅军队，按照惯例，指挥官跑到拿破仑跟前，以非常清晰的口齿报告："报告将军。本部已全部集合完毕。本部官兵应到3 444人，实到3 438人。请将军检阅。"

拿破仑点点头，说："很好。"然后又回头对他的参谋说："记住这个指挥官的名字，数字记得这么准确的人应该受到重用。你们以后也得向他学习，给我汇报时尽量用精确的数字说话。不要用'大概''可能''也许''差不多'这样的话。"

这位博得拿破仑好感的指挥官，干脆利落地说出了部队官兵应到实到的人数，显得非常专业和细致。用数字说话，既显得专业，又能给人以最基本的信任感。

销售人员：您好，请问，王经理在吗？

王经理：我就是，您是哪位？

销售人员：我是××公司打印机客户服务部××，我这里有您的资料记录，你们公司去年购买过我们公司打印机，对吗？

王经理：哦，对呀！

销售人员：保修期已经过去了7个月，不知道现在打印机使用的情况如何？

王经理：好像你们来维修过一次，后来就没有问题了。

销售人员：太好了。我给您打电话的目的是，这个型号的机器已经不再生产了，以后的配件也比较昂贵，提醒您在使用时要尽量按照操作规程，您在使用时阅读过使用手册吗？

王经理：没有呀，不会这样复杂吧？还要阅读使用手册？

销售人员：其实，还是有必要的，实在不阅读也是可以的，但寿命就会降低。

王经理：我们也没有指望用一辈子，不过，最近业务还是比较多，如果坏了怎么办呢？

销售人员：没有关系，我们还是会上门维修的，会收取一定的费用，但比购买一台全新的还是便宜的。

王经理：对了，现在再买一台全新的打印机什么价格？

销售人员：要看您想要什么型号的，您现在使用的型号是3800，后续的升级产品是5800，不过还要看一个月大约打印多少张正常的A4纸。

王经理：最近的量开始大起来了，有的时候超过10 000张了。

销售人员：要是这样，我还真要建议您考虑5800了，5800的建议使用量是一个月A4正常纸张15 000张，而3800的建议月纸张是10 000张，如果超过了会严重影响打印机的寿命。

王经理：您能否给我留一个电话号码，年底我可能考虑再买一台，也许就是后续产品。

销售人员：我的电话号码是8520×××转123。我查看一下，对了，您是老客户，年底还有一些特殊优惠，不知道您何时可以确定要购买，也许我可以将一些好的优惠条件给您保留一下。

王经理：什么优惠？

销售人员：5800型号的，渠道销售价格是10 100，如果作为3800的使用者，购买的话，可以按照8折来处理，或者赠送一些您需要的外设，主要看您的具体需要。这样吧，您考虑一下，然后再联系我。

王经理：等一下，这样我要计算一下，我在另外一个地方的办公室添加一台打印机会方便营销部的人，这样吧，基本上就确定了，是您送货还是我们来取？

销售人员：都可以，如果您不方便，还是我们送过去吧，以前也去过，很容易找到的。您看送到哪里，什么时间好？

……

后面的对话就是具体地落实交货的地点、时间等事宜了，这位销售人员只是打了一个电话，用了大约30分钟就完成了一台打印机的销售。在这段对话中，销售人员在介绍打印机时，没有离开过数字，以非常专业的角度为客户介绍新的打印机，并提示公司的优惠政策，成功是非常自然的事。

美国口才大王卡耐基的一次经历，也可以作为典范。他是这样请求一家旅馆经理打消增加租金的念头的：

卡耐基每季度均要花费1 000美元，在纽约的某家大旅馆租用大礼堂20个晚上，用于讲授社交训练课程。

有一季度，卡耐基刚开始授课时，忽然接到通知，要他付比原来多3倍的租金。在知道这个消息以前，入场券已经印好，而且早已发出去了，其他准备开课的事宜都已办妥。怎样才能交涉成功呢？经过仔细考虑，两天以后，卡耐基去找经理。

卡耐基对经理说："我接到你们的通知时，有点震惊。不过这不怪你。假如我处在你的位置，或许也会写出同样的通知。你是这家旅馆的经理，你的责任是让旅馆尽可能地多盈利。你不这么做的话，你的经理职位就难保住。假如你坚持要增加租金，那么让我们来合计一下，这样对你有利还是不利。"

"先讲有利的一面。"卡耐基说，"大礼堂不出租给讲课的而是出租给办舞会、晚会的，那你可以获大利了。因为举行这类活动的时间不长，每天一次，每次可以付200美元，20晚就是4 000美元，租给我，显然你吃大亏了。"

"现在，来考虑一下不利的一面。首先，你增加我的租金，也是降低了收入。因为实际上等于你把我撵跑了。由于我付不起你所要的租金，我势必再找别的地方举办训练班。还有一件对你不利的事实。这个训练班将吸引成千的有文化、受过教育的中上层管理人员到你的旅馆来听课，对你来说，这难道不是起了不花钱的广告作用了吗？事实上，假如你花5 000美元在报纸上登广告，你也不可能邀请到这么多人亲自到你的旅馆来参观，可我的训练班帮助你邀请他们来了。这难道不合算吗？请仔细考虑后再答复我。"讲完后，卡耐基告辞了。

当然，最后经理让了步。

卡耐基之所以获得了成功，是因为他站在经理的角度上想问题，把增加租金与保持租金的好处用数字一个个清楚地表达了出来。

## *SALE!* 销售圣经：销售员必备的专业知识

据美国一家杂志对1 000家从事工业的公司采购人员的调查显示，所有采购人员都认为，具有丰富的产品知识是优秀销售人员最重要的特征。

1. 了解产品的基本特征

产品的基本特征，包括产品的规格、性能、材料、特点等。如果一位购买家具的客户询问家具的材料是什么，销售人员却回答不上来，客户会认为，销售人员肯定知道家具的材料，只是由于材料很差，所以销售人员不愿说出。如果一位汽车销售人员不知道汽车的制动方式、油耗、汽缸指标，很难相信他能卖掉汽车。

如果销售人员不了解所销售产品的特点，那么当客户问"同样的产品，为什么你们的价格比别人贵这么多？"时，销售人员就会无言以对。

2. 了解产品的生产过程

有些客户要详细了解产品的生产过程。例如，服装店人员采购西服时，他们不仅要询问面料的类型，而且还要了解裁剪、缝制熨烫的方法与过程，因为这些信息有助于销售工作；而另一些购买同样产品的商店可能不需了解这么多情况，他们可能认为有一个响亮的牌子就足够了。又如，小型计算机的买主通常都要询问有关数字处理、操作、存储等方面的详细情况，而且提出的问题可能很专业。销售人员必须对每个问题都作出确切的回答，才能赢得客户的信任。

如果客户问："这种手机安装的是什么操作系统？"销售人员不能简单地回答："智能操作系统！"而应提供具体的信息："这种手机使用的是安卓（或苹果IOS等）系统。"

3. 了解产品带给客户的利益

销售人员仅仅了解产品的特征是不够的，更重要的是要了解产品能够为客户带来哪些利益。因为，从某种角度说，客户购买的不是产品本身，而是产品带来的利益。

4. 了解产品的使用方法

学会熟练地操作和使用产品，无疑可以增加销售机会。因为在操作和使用中介绍产品要比单纯的语言介绍更有效果。有些产品则必须由销售人员向购买者传授使用方法，否则客户根本不会购买，如新的家用电器商品、工业设备以及现代办公用品等。使用方法应包括维修、保养方法。

5. 了解产品特征与产品利益

所谓产品的特征，是指产品本身所具有的内在性能和外在特点。所谓产品的利益，是指通过占有和使用产品，客户能够获得的好处。两者显然是不同的；但它们之间也有联系：产品之所以能够给客户带来利益，是因为产品具有能够满足客户需要的内在性能和外在特点。

假定某公司生产的钢笔具有显著的特征：①外型美观、独特；②用不透气塑料制成的密封性能良好的笔盖；③新型笔尖：用尼龙材料制成；④笔杆设计合理；⑤颜色多种多样，可供任意挑选。

与上述特征相对应的该产品的利益分别是：①可以表现客户高雅的审美眼光，赢得他人的羡慕与欣赏；②可减少墨水挥发，吸一次墨水可使用更长时间；③笔迹漂亮，即使用力较大，也不会划破纸张；④握笔舒适，书写流畅；⑤可以让喜欢不同颜色的客户均有所爱。

通过此例，可以清楚地看到产品特征与产品利益之间的不同，客户感兴趣的往往是产品的利益。如果销售人员只了解产品的特征，而不能把产品的特征与产品的利益结合起来，那么，这种介绍就很难取得成效。但是，如果不说明产品的特征，就很难让客户相信产品能够为其带来好处。如果销售人员不说明"笔盖的材料为高密度塑料"，客户就不太可能相信"墨水不易挥发"的说法。

对于不同的客户来说，同一产品的主要利益是不同的。有的客户可能把产品的外观作为购买与否的主要标准，有些客户则可能重视笔尖的材料和柔韧性。这就要求销售人员要根据客户的心理与动机介绍产品特征，说明产品利益。

最后，应该注意的是，客户所获得的利益不仅仅来源于产品，客户还从成交条件及服务中寻求利益。也许决定一家零售商店是否购买钢笔的因素，并不在钢笔本身的特征是否符合其要求，而在于价格或厂家的声誉。因此，销售人员还要了解公司的政策和市场竞争状况。

# 第四章  说好客套话：
## 见面三分礼，订单来找你

与客户见面，通常都会说一些客套话。对此，很多销售人员存在一定的误解，认为客套话只是一些毫无内容的话，没有任何实际的意义，说客套话实际是一种浪费时间的行为。事实上，客套话能起到缓解紧张气氛、解除尴尬、有效沟通等作用，是顺利销售、促成交易的润滑剂。

## 🔵 销售常用到的客套话

客套话就是表示客气的话。在人际交往中，客套话无处不在，例如，"久仰""借光""对不起"等。说客套话是一种社交礼仪，也是一种销售技巧。

1. 见面之初的称谓与问候

初次见面说"久仰"；分别重逢说"久违"；对方家庭说"府上"，自己家庭说"寒舍"。

对方父亲说"令尊"；对方母亲说"令堂"；对方妻子说"夫人"；对方儿子说"公子"；对方女儿说"令媛"。

问姓名说"贵姓""尊姓大名";问到年龄说"贵庚";问老人年龄说"高寿"。

问到职务说"称谓";请人相见说"有请";看望别人说"拜访";宾客来访说"光临""光顾"。

说人长胖说"发福";回答问候说"托福";等候客人说"恭候";祝贺人家说"恭喜"。

销售过程中常见的客套话,如下:

销售人员:您好,请问您是李总吗?(上前握手)

夏经理:您好,不好意思,您找的李总正在忙,所以我来先和您谈一下!我是公司的销售经理,我姓夏。

销售人员:您好,夏经理,很高兴认识您!这是我的名片,以后请您多关照!

夏经理:不客气,我们先到那边坐一下,先互相了解一下再说……

2. 求人时候的用语

托人办事说"拜托";求人帮忙说"劳驾";求人方便说"借光";谢人代劳说"难为"。

麻烦别人说"打扰";向人祝贺说"恭喜";请人看稿说"阅示";请人改稿说"斧正"。

求人解答说"请问";请人指点说"赐教";与人较艺说"领教";受人教益说"见教"。

请人任职说"屈就";让人花钱说"破费";向人发问说"动问";向人询问说"借光"。

请人批评说"指正";领受情谊说"承情";耗费精神说

"费神"；耗费心思说"费心"。

请人指瑕说"指教"；请人赴约说"赏光"；请求接受说"赏脸"；得到关照说"承蒙"。

别人谦让说"承让"；请人帮忙说"偏劳"；受到款待说"叨扰"；请人做事说"劳驾"。

征求意见说"不吝""指教"；得人好处说"沾光"。

销售过程中常见的客套话，如下：

销售人员：您好，请问您贵姓？您是在哪个地区？

客户：您好，我姓刘，我在北京。

销售人员：刘先生您好，请问您是北京哪个公司的？主要做什么业务？

客户：我们是北京××公司，我是公司的销售经理，我们主要做几个化妆品厂家在北京的总代理。

销售人员：您好，刘经理，很高兴接到您的电话，也很高兴认识您！我去过北京，不知贵公司主要代理什么牌子？

客户：不客气，我们主要代理两个牌子，一个是广州的××，一个是上海的××。

销售人员：哦，那您现在在北京操作得怎样？主要在什么渠道进行销售？

客户：还不错，主要做专卖店渠道，商场专柜也做，商场主要是做个形象。

销售人员：哦，您一般在什么类型的专卖店铺货？有促销吗？在商场有几个专柜？

客户：就是有一定档次的品牌化妆品专业店，前期3个月要促销，但是厂家要有产品支持。我们在5个商场做专柜。

销售人员：太好了，操作方式和我们公司很接近……

3. 表示感谢或歉意时的用语

对人有愧说"对不起"；被人帮助说"谢谢"；过失很重说"死罪"；记人不清说"眼拙"。

请不计较说"请恕"；委屈他人说"屈尊"；答谢恭维说"好说"；未能迎接说"失迎"。

归还原主说"奉还"；对方来信说"惠书"；请人收礼说"笑纳"；自称礼轻说"薄礼"。

不受馈赠说"返璧"；表示歉意说"不安"；不能相陪说"少陪"；中途先走说"失陪"。

责己不周说"少礼""失敬"；求人原谅说"海涵""包涵"；招待不周说"怠慢"。

4. 道别用语

送客出门说"慢走"；与客道别说"再来"；请人勿送说"留步"；晚上道别说"晚安"。

因事不陪说"失陪"；辞谢馈赠说"心领"。

5. 当面赞美他人的话

赞人见解说"高见"；赞美他人的孩子说"聪明可爱"；赞美他人的衣服说"大方漂亮"；赞美他人孩子乖巧说"教子有方"；赞美他人有品位说"眼光不错"，等等。

这种客套话所说的有的是实情，有的则与事实存在相当的差距，有时正好相反，而且这种话说起来只要不太离谱，听的人十有八九都感到高兴，而且旁人越多他越高兴。

6. 当面答应他人的话

答应他人的话可以用"我会全力帮忙的""这事包在我身上""有什么问题尽管来找我"等。

这样的客套话是必须要说的，给客户承诺是令客户放心购买、打消客户心理障碍的有效方法之一。

销售过程中常见的客套话，如下：

陈小姐：李老板吗？这里有两张饰品单要做，张先生叫你过来谈一下，可以吗？

李老板：好的，没问题，谢谢您，陈小姐。

李老板：呵呵，陈小姐，挺忙的吧？

陈小姐：哦，还好，你自己做老板，真厉害呀！

李老板：呵呵，您过奖了，小本经营还得靠你们大家照顾呀！

陈小姐：现在饰品应该利润还可以吧？

李老板：今年不是很好，现在生意不怎么好做呀！

陈小姐：好像也是，每天找我们要单做的工厂很多，我这里已有好几家供我们选择的，这个你应该也是清楚的，不过我还是尽全力帮你的。

李老板：呵呵，真是谢谢您，有空我请您喝茶！

陈小姐：您太客气了，这倒不必了……

客套话的用法，没有一定的标准，也没有固定的形式，要根据当时的情况决定，即所谓的"见什么人说什么话"。

## 善于与客户套近乎

说客套话的目的是为了与客户套近乎，套近乎是与陌生人沟通情感的有效方式。套近乎的技巧就是在交际双方的经历、兴趣、追求、爱好等方面寻找共同点，通过共同的语言，为交际创造一个良好的氛围，进而赢得对方的支持与合作。

外交史上有一则通过套近乎而达成谈判目的的轶事。

一位马来西亚议员去见时任埃及总统的纳赛尔，由于两人的性格、经历、生活情趣、政治抱负相距甚远，总统对这位议员不大感兴趣。议员为了搞好与埃及当局的关系，会见前进行了多方面的分析，最后决定以套近乎的方式打动纳赛尔，达到会谈的目的。下面是双方的谈话：

议员说："阁下，尼罗河与纳赛尔在我们马来西亚是妇孺皆知的。我与其称阁下为总统，不如称阁下为上校吧，因为我也曾是军人，和阁下一样，跟英国人打过仗。"

纳赛尔："唔。"

议员："英国人骂阁下是'尼罗河的希特勒'，他们也骂我是'马来西亚之虎'，我读过阁下的《革命哲学》，曾把它同希特勒《我的奋斗》作比较，发现希特勒是实力至上的，而阁下除了实力外还充满幽默感。"

纳赛尔（十分兴奋）："呵，我所写的那本书，是在革命之后，用3个月匆匆写成的。您说得对，我除了实力之外，还注重人情。"

议员："对呀！我们军人也需要人情。我在马来西亚作战时，一把短刀从不离身，目的不在杀人，而是保卫自己。阿拉伯人现在为独立而战，也正是为了防卫，如同我那时带短刀一样。"

纳赛尔（大喜）："您说得真好，真希望您每年都可以来一次。"

此时，马来西亚议员顺势将谈话转入正题，开始谈两国的关系与贸易，并愉快地合影留念。

马来西亚议员运用寻找共同点的办法使纳赛尔从"不感兴趣"到"十分兴奋"而至"大喜"，可见套近乎的工夫不浅。人们从故事中得出一个重要的启示就是，不能打无准备之"仗"，有备而来，才能套得近乎，并且套得结实、套得牢靠。

销售中的客套话术也与此有着异曲同工之妙。那就是：首先要让客户接受自己，并在彼此之间建立一种友好关系。对销售人员来说，与客户的关系拉近了，才能通过更加详细地介绍自己的产品来吸引客户；客户的注意力被吸引了，才可能对产品产生兴趣，从而激起购买的欲望。谁能快速拉近与客户的关系，谁就拥有更多的商机。

以下是优秀的销售人员常用的4种客套话的使用技巧。

1. 使用简明的开场白

为了吸引客户的注意力，在面对面的洽谈中，说好第一句话是十分重要的。开场白的好坏，几乎可以决定一次销售的成败。好的开始是成功的一半。大部分客户在听销售人员第一句话的时候要比听后面的话认真得多，听完第一句话，很多客户就自觉或不自觉地决定了尽快打发销售人员走还是准备继续谈下去。

销售心理学研究认为，洽谈中的客户在刚开始的几秒钟所获得的刺激信号，一般比以后10分钟里所获得的要深刻得多。

开始即抓住客户注意力的一个简单办法是，去掉空泛的言辞和一些多余的寒暄。为了防止客户走神或考虑其他问题，在开场白上多动些脑筋，开始几句话十分重要而非讲不可的，表述时必须生动有力、句子简练、声调略高、语速适中。开场白使客户了解自己的利益所在，是吸引对方注意力的一个有效方法。

2. 通过提问了解客户的需要

提问是引起客户注意的常用手段。在销售中，提问的目的只有一个，那就是了解客户的需要。"您需要什么"，这种直接的问法恐怕客户自己也不知道需要什么。

销售人员在向客户提问时，利用适当的悬念以勾起客户的好奇心，也是一个引起注意的好办法。优秀销售人员的提问是非常讲究技巧的。通常提问要确定三点：即提问内容、提问时机、提问方式。此外，所提问题会在客户身上产生何种反应，也需要考虑。恰当的提问如同水龙头控制着自来水的流量，销售人员通过巧妙的提问得到信息，促使客户作出反应。

3. 巧言打动客户的心

一位销售人员在皮鞋柜台前，对漫不经心走过的客户说了一句："先生，当心摔跤。"客户不由得停下来，看看自己的脚下。这时销售人员乘机凑上前来，对客户会意一笑说："你的鞋子旧了，换一双吧！"

一位远道而来的销售人员与客户洽谈，为了吸引对方的注意，他很喜欢用这样一句话来开始他所销售的产品："说真的，我一提起它，也许你会不耐烦而把我赶走的。"这时客户会很自然地作出如下反应："噢？为什么呢？照直说吧！"不用多说，对方的注意力已经一下子集中到销售人员以下要讲的话题。

为了打动客户的心，销售人员不妨站在客户的角度去思考：究竟是什么因素会使客户认真听取销售人员的介绍？

4.用旁证引起客户的兴趣

销售人员广泛引用旁证往往能收到很好的效果。一家著名的保险公司的经纪人常常在自己的老客户中挑选一些合作者，通过他们来找寻新的客户，一旦确定了新的客户，公司在征得该客户的好友某某先生的同意，上门访问时，他这样对客户说："某某先生经常在我面前提到你！"对方肯定想知道到底说了些什么，这样双方便有了进一步商讨洽谈的机会。

## 用客套话应对冷遇

对于销售人员来讲，销售过程是一个主动去与人沟通的过程。正因为是主动，就不可避免地存在一些被不想购买东西的客户故意冷落的现象。

一次，小李在一位客户的办公室外等他，由于没有提前预约，客户的秘书知道他是一位销售人员，因此她不打算把老板的工作行程告诉他，并故意不跟小李说话，冷落小李，希望小李自动离开。

这时，小李突然注意到在秘书的桌上放着一本厚厚的畅销书。于是，他问秘书小姐说："这本畅销书你看了没有？"秘书回答说："正在看！"他又问："你觉得这本书有趣吗？"

她坦率地说："只是有点枯燥无味，不过快要看完了。"

"我也读了这本书，完全不是因为兴趣，而只是为了学习它的知识。我再推荐给你几本既有趣又值得学习的书吧。"小李再度打开话匣子。

秘书回答："你怎么跟我的想法一样？看来我们在某些地方的看法还是很相似的。哦，对了，刚刚我查了老板的行程表，他今天下午4点钟会有半个小时的空闲时间。"

客户如此，只是想通过对销售人员的冷落来传达一种"我对你的产品不感兴趣"或"我根本不想买你的产品"的信息，这种冷落法看起来好像很难破解，因为即使客户是正面拒绝，他也要跟销售人员进行对话沟通，只要存在沟通，销售人员就有很多的机会完成从拒绝到接受的销售过程。

但是，面对一个完全拒绝沟通的客户该怎么办呢？这时，客套话就发挥了它积极的作用。化解被冷落的场面，说一些对方感兴趣的客套话，这是销售人员应该掌握的基本技能。要知道，如果一个销售人员仅仅是因为受到了冷落而打退堂鼓的话，那他一定不会成为一个成功者。怎样才能走出被人冷落的窘境呢？

1. 接受冷落的沉默语言

这是至关重要的一步。也就是说，面对被客户冷落的现象，你应当承认并且接受。事实上，每一个销售人员或多或少，或轻或重，都会遇到过冷落，不管你是自觉的还是不自觉的、情愿的还是不情愿的。因此，面对冷落，销售人员应当采取承认的态度，就是说要有接受冷落的心理准备。当然，承认冷落的存在，并非是承认它存在的合理性，而是承认它存在的客观性。承认了此种矛盾存在的客观性，也就承认了解决此种矛盾方法存在的必然性。唯其如此，你才会直面冷落，既不回避，也不惧怕。

2. 敢于表现出坚持不懈的勇气

销售人员在受到冷落之后，往往会产生退却心理。但对于一个优秀的销售人员来说，越是受到冷落的重压，越应当自我表现出坚持不懈的勇气。这样不仅可以扭转被冷落的尴尬局面，而且也有助于改变客户对销售人员的偏见和误解。

3. 平息抱怨的反省语言

每逢遇到冷落，你有时难免会生气，这是可以理解的。但是，过多的自我抱怨，又恰恰是战胜冷落的大忌。但凡经历过冷落的人，大都有这样的感觉，抱怨冷落的结果只会助长受冷落压力的程度。

4. 勿失自信的至理名言

遭遇冷落，很容易使一些意志薄弱的销售人员失去自信心。不知你是否还记得这样一句至理名言："自信人生二百年，会当水击三千里。"这是何等博大的胸怀，何等硕大的气魄。数风流人物，大凡事竟成者，无不是自信人生的典范。殊不知，在成功的道路上，他们何止受到冷落而已！

5. 主动感化的态度语言

有的销售人员在处理与客户之间的关系上有一种看法，即你对我好，我就对你好；你看不上我，我也不买你的账。这至少是一种不够大方的姿态。当然，人与人之间的交流是双向的，有时做一些必要的让步和牺牲，会取得意想不到的效果。

## 偶尔把客套话当真话

在实际交流中，客套话随口而出可能是答应对方一些事情，如果你对此没有充分认识，说过就忘记了，那可能就会坏事。因为你可能是随口说说，而对方却放在心上，如果你没有做到，那就是辜负了你自己的承诺，让对方失望了，这样怎么能销售成功呢？

商场上，说出去的话就像泼出去的水一样，无法收回。

"不管怎么样，这次价格让您便宜两成！"

"无论什么时候都免费进行维修！"

"这个和那个就白送给您了！"

销售人员在总想卖出、让对方买下的心理的支配下，很容易会无意中说出多余的客套话来，而给对方额外的许诺。

因此在说出没有商量余地的客套话之前，一定要在脑子里盘算一下，必须明确表明：在某种范围内自己要承担一定的责任。

处理纠纷时更必须注意不要做口头上的许诺，千万不要为了安慰对方而说出对自己、对自己公司不利的事，如果对纠纷内容没有十分的把握，就不要依对方所说的去办。

"我方将很快作出处理，请原谅！""那件事，我会负责的。""这个我知道怎么处理！"等慎用。俗话说："君子一言，驷马难追。"答应别人的许诺是要兑现的，即使客套话也不例外。

## 电话销售里的客套话

在现代社会，通信的发达使人与人之间的交流更加方便和顺畅。很多时候，销售不是靠面对面的谈判，而是靠电话来沟通的。电话已成为最快捷的销售工具之一。

假设两个人同时得到一个准确的商业信息，请问你是通过电话马上销售快还是去登门自访销售快呢？

毋庸置疑，在今天，销售的速度是多么重要，稍有贻误便会失去商机，而电话销售就能做到及时这一点。

销售人员：邓先生，您好！我姓方。我们没见过面，但可以和您谈1分钟吗？

客户：我正在开会！

销售人员：那么我半个小时后再给您打电话好吗？

客户：行！

半个小时后，销售人员再次打通电话说：邓先生，您好！我姓方。您叫我半个小时后打电话的。

客户：您是做什么生意的？

销售人员：我是××公司的业务经理，是为客人设计一些财务投资计划。

客户：具体是怎样的？

销售人员：我们能否见个面，您看过资料后印象会深些，今后你们有什么需要服务的，我都可以提供帮助。这两天我在您附近工作。不知您明天还是后天有时间？

客户：那就明天吧！

销售人员：谢谢！邓先生，那上午还是下午？

客户：下午吧，4点钟。

销售人员：好！明天下午4点钟见！

销售人员通过简单的语言、几句客套话，就成功地约到了客户，完成了销售的第一步，也就是成功的开始。

电话销售不能看到客户的表情，只能通过声音去判断客户的心理、心情，不像当面销售那么容易，所以，打电话时的用语就必须特别小心。

1. 吐字清晰

要缓慢而清晰地讲话，并带微笑。因为微笑也能从你的声音中反映出来。

2. 礼貌用语优先

打电话时，第一要先说"您好"。

3. 通报姓名

打电话时，应该先说明你是谁。如果你的电话被转接，则应该向所有提起分机的人重复一次你的姓名。

4. 是否合适

在你开始没完没了的讲话之前，始终应该问一句："这时候给您打电话是否合适？"

5. 断线后应重新拨打

假如你的通信因故中断，拨叫方有责任重新拨通对方的电话。

6. 端正态度

任何时候打电话，都要有一个良好的心态。因为不管你怎么样掩饰，你的态度、情绪都会从你的声音中暴露出来。只有让客户感觉到愉快，才能有成功的希望。

有个销售人员在睡梦中突然醒来，因为他想到还有一个业务电话未打，于是马上起身穿好衬衣、系好领带再打电话。他的老婆觉得很是奇怪，就问他："老公，你打个电话还穿得那么整齐干吗？"

他回答："我穿好衣服打电话，表示我对客户的尊重，虽然客户看不到，但我想客户能感觉到我对他的尊重。所以，我一定要穿好衣服打电话。"

由于城市规模扩大、交通堵塞等原因，登门拜访式的销售效率越来越低，而成本却不断上升。这时，利用电话进行销售，就会十分方便快捷、省时省力。

电话销售应和登门拜访销售一样，事先要有一个计划。这个计划，就是一套积极有效的销售话术。

通过良好的沟通话术，可以引导对方关注产品，对销售人员建立好感，积极进行预约。其中应包括打电话给谁、如何说客套话、介绍产品的哪些方面、了解对方哪些情况、什么时机约会等。有了这样的计划，在销售中就可以从容不迫，给对方营造好感。

利用电话销售，讲话应热情和彬彬有礼。热情的讲话易于感染对方；彬彬有礼的客套话，易于得到对方有礼貌的正面回答。像"您好""打扰您了""如您不介意的话"等客套话，应成为销售人员的口头禅。

## SALE! 销售圣经：客套话不可太随意

销售人员越快速地和客户"产生感情"，将产品销售出去的机会也就越大。最好的方式就是与客户聊天，说一些客套话。但是聊天不是毫无目的地瞎说，而要遵守一定的原则与方向。这个原则就是利用说客套话作为销售的引子，将所要谈的主题不知不觉地传递到客户心中。

1. 掌握客户的基本资料

知己知彼，百战不殆。能够掌握客户的许多基本资料，自然就可以针对其需要快速展开销售工作。倘若对客户的基本情况一无所知就开门见山地销售，很容易碰一鼻子灰，所以客套话就为更深入的交谈起到铺路搭桥的作用。例如，约见某企业家，自然会说"久仰大名"，然后可以进一步少量叙述其功绩，逐渐委婉地进入销售的主题。

在一般的客套话中，要想办法套出客户的种种资料，才能为后续的销售技巧铺路。如果可以先掌握客户的习性与需要，在客套中一点一滴地灌输销售理念，改变客户对产品抱有的错误认识，就可以很快地达到目的，这是最容易达成目标的方法之一。在询问的过程中也别太过直接，以免引起客户的戒心，这样反而不妙。

例如，你如果想要了解客户的财产状况，不可以直接问他有没有钱，或者1个月能够赚多少钱，如果这样问，大多数人不愿意正面回答。所以应该用比较迂回的方式询问，可以先谈到最近利率高低的变化，再谈到银行对目前房贷的情况，最后再切入主题，问他所居住的房子面积有多大、是否有贷款等问题。如此你已经得知他每个月的基本负担有多少，再依据他的职业推算收入也就不难了。诸如此类的问话技巧，必须时常加以练习与运用，才能达到最佳效果。如果能够得到更多的资料，对于进一步销售会更有帮助。

2. 了解时事新闻或政策性的议题

新闻节目是收视率最高的电视节目，新闻的内容和深度也成为百姓最关心的话题。所以适当地掌握时代的脉搏是必要的，这样不仅能和客户搭起聊天的桥梁，也可以掌握客户的习性和其对社会现状的看法。

应该注意，个人的宗教信仰是要谨言慎行的话题，因为这属于主观自我意识的认定，并很难让人对其进行评价。若遇到此类话题时最好避而不谈，不要轻易地下结论。

3. 使销售的话语化于无形

兵法中最高明的战术是不战而屈人之兵；而在销售技巧中，最厉害的莫过于"使销售的有形转化于无形"，使客户在不知不觉中接受你的观念，进而达成销售的目的。但其中最应注意的问题是，最好将自己的销售理念、销售用语能够化为一般的日常言词。只要能让客户听起来不觉得艰涩难懂，就算成功。

4. 客套话也需谨慎出口

有句老话叫作"祸从口出"，引申到销售过程中就是指一定要谨言慎行。什么话能说，什么话不能说，都要在脑子里多想几遍，心里有个小算盘。

一对年轻夫妇停在了张良的柜台前。

张良热情地向他们打招呼："请问两位需要点什么？"

年轻夫妇："我们想看看冰箱。"

张良："两位请看这一款，这是刚刚上市的最新款式，噪音小、耗能低，很适合喜欢安静的家庭。"

先生："这款冰箱的外壳为什么和其他的不一样？是什么材料做的？"

张良："这是采用最新式的材料精制而成，既节省能源又美观大方，目前很受客户欢迎，我们一天要卖出去很多台，现在库存已经没有了。"

女士："我们很喜欢这一台，但是这种型号的容量太大，对我们这样一个两口之家来说不是十分合适。这样吧，我们再看看其他的，如果没有更合适的，我们就来买这一台，好不好？"

张良为了显示自己的冰箱货好不愁卖，便大方地说："可以，欢迎您再回来。"

年轻夫妇刚离开，张良的同事小李跑来问张良："你的那一款冰箱卖得怎么样？我那简直是太难卖了。"

为了不令小李感觉不平衡，张良也假装发牢骚："是啊，现在库存还一大堆呢！"

不料这话正被返回的年轻夫妇听见，张良顿时尴尬万分。一单生意就这样失去了。

张良也只不过是在和小李的谈话中随便客套几句，随意地附和而已，却没想到因随便说话而丢了一单生意。因此，销售人员应时刻注意自己的言行。

在说客套话的时候不要过于随意，随便应承别人，只有恰到好处地把握好说话的分寸，才会在销售过程中做到游刃有余。

# 第五章　说好巧妙话：
## 　　把握火候，一本赢万利

　　所谓的巧妙话是含有一定技巧性的语言表达形式，同时辅以情感、神态、动作、语调等的帮助，包含着真诚动机的一种销售话术。不虚伪、不脱离道德规范。巧妙话表达越明晰、越确切、越执着，对方的感知与理解力就越强，从而满足客户的某种心理需要。

　　有人说："高尚的语言包含着真诚的动机。"在销售过程中，如何利用巧妙话，让不利的尴尬局面变成有利的销售局面，是一门非常难的艺术，也是非常宝贵的一种财富。

## SALE 巧妙话的巧妙之处

　　在一次贵阳举办的中国国际名酒节上，外省的一家经贸公司与贵州一家酒厂谈判，酒厂就成功地运用了这个方法。该公司欲订购白酒10吨。但贵州的酒厂如林，名酒如云，竞争相当激烈。究竟订哪家的？委实举棋难定。

　　他们在与这家酒厂洽谈时，对这么一宗大生意，厂家掩藏起内心的兴奋，平静而又抱歉地说："对不起，我们今年的货早已订完了。已开始订明年的，如果你们需要，我们设法明年给你们早一些安排。"听了这话，公司很意外，说："是吗？前天你们不是还在大拉客户？"厂家随即真诚地说："商场如战场，你们是聪明人，会不懂那是我们的一种策略？众所周知，我们的酒是根本用不着'拉'的；更何况过了一天，情况还会不变？这不，今天一清早，广东一家公司将今年的最后一批10吨全部订完。你们如果不信可以去问问他们！"这么一说果真有效，公司有些急了，忙说："是的，听说你们的酒好，我们才慕名而来。我们来一趟也不容易，能不能通融一下，先订给我们一些？"

厂家故作为难状。

公司更加着急，好话说了一大堆。厂家这才以为对方着想的口吻说道："既然你们要与我们长期合作，考虑到我们的长远利益，我们可以跟其他客户商量，请每家匀出一点，给你们凑足10吨。"

公司大喜，厂家更大喜了。

厂家巧妙地利用了酒好、订单已满这一看似真诚的巧妙话，来吸引经贸公司的注意，从而做成了生意。在实际销售中，经过周密思考的巧妙话，往往更有可信度。

## 🔵 巧妙话要配合行动

在动物的世界里，"示假隐真"是很重要的生存法则。

有一种瓢虫，当你用手碰它时，它就停止不动，连脚都缩了起来，任凭你怎么拨弄它，它就一副已经死去的样子，可是过了一段时间后，它又开始爬了。

有一种鸟，在它孵卵的时期，若有外敌入侵，它会先佯装与外敌搏斗，翅膀扑了几回后，便假装受伤，跌跌撞撞地"败走"。外敌受到这个动作的吸引，会过去追逐这只败鸟，等外敌远离鸟巢，"败鸟"立刻迅速逃走，于是巢中的卵获得保全。

正是通过这种制造假象的动作，动物才能世代繁衍，维持起码的生存空间。同样，在人类社会中，"示假隐真"也有利于保存实力和争取先机。

一家美国公司要与日本公司合作一个项目，一开始，美国人就咄咄逼人地开始了产品宣传攻势。他们在谈判室内张贴了许多挂图，还印制了许多宣传资料和图片。他们用了两个半小时、三台幻灯放映机来放映好莱坞式的公司介绍。他们这样做，一是要增强自己的谈判实力，二是想向三位日方代表做一次精妙绝伦的产品简报。在整个放映过程中，日方代表静静地坐在那里，全神贯注地观看。

放映结束后，美方高级主管不无得意地站起来，扭亮了电灯，笑容里充满了期望和必胜的信念。他转身对三位显得有些迟钝的日方代表说："请问，你们的看法如何？"

不料一位日方代表却礼貌地微笑着说："我们还不懂。"这句话大大影响了美方高级主管此时的心情，他的笑容随即消失。

美方高级主管问道："你说你们还不懂，这是什么意思？哪一点你们还不懂？"

日方代表有礼貌地微笑着回答："我们全部没弄懂。"

美方高级主管压了压火气，再问对方："从什么时候开始你们不懂？"

日方代表严肃认真地回答："从关掉电灯，开始幻灯简报的时候起，我们就不懂了。"

美方高级主管感到了严重的挫败感。他灰心丧气地对日方代表说："那么，你们希望我们做些什么呢？"

日方代表异口同声地回答："你能够将简报重新来一次吗？"

美国公司精心设计安排的幻灯简报，满以为日方代表会赞叹不已，从而吊起他们花大价钱购买的胃口。可是正当美国公司为他们的谈判技巧和实力沾沾自喜的时候，日方代表的"愚笨"和"无知"使他们突如其来地感到沮丧，而且日方代表还要求重新放映幻灯片，这种拖延时间的办法，又使他们的沮丧情绪不断膨胀。等到双方坐下来谈判的时候，美方代表已毫无情绪，只想速战速决，尽早从不愉快中解脱出来。谈判结果自然是对日方有利的，三个日方代表正是凭着他们看似真诚的巧妙行动为谈判争取到了有利的一面。

阿亮和阿伟一起去拜访一位教授，那个教授为人严肃，平时不苟言笑。坐了半天，除了开头说了几句应酬话，剩下的只是让人尴尬的沉默。

忽然，阿亮看到他家养的热带鱼，色彩斑斓。他知道这鱼叫"地图"，自己也养了几条，还很得意地为朋友阿伟介绍过。阿伟见他目不转睛地看，心里纳闷。教授见阿亮神情专注，就笑着问："还可以吧？才买的，见过吗？"阿伟刚想开口，阿亮却抢先说："还真没见过。叫什么名字？我也打算养几条呢！"阿伟更加不解地看着他。

教授一听，来了兴致，神采飞扬，大谈了一通养鱼经，阿亮听得频频点头。那位教授像是遇到了知音，说说笑笑，如数家珍地给他讲每条鱼的来历、名称、特征，又拉着他到书房看他收集的各类名贵热带鱼的照片，气氛顿时活跃起来。他们本来打算坐坐就走，不料教授一再挽留，直到晚饭后才让他们走，临走时还硬塞给阿亮几条小鱼。

本来几乎陷入僵局的交谈，在阿亮巧妙的伪装下顺利地进行。如果阿亮就"热带鱼"的问题实话实说，那场面可能就会继续尴尬下去，教授也不会有如此高的热情。

在生意场上，利用巧妙话巧妙的伪装能够迷惑客户，从而尽可能多而快地把自己的产品销售出去。

## 🔘 巧妙的假设成交法

有一个优秀的服装销售人员销售服装的例子。

当一个客户在试穿西服是否合身时，销售人员不去问："您是否要买？"而是领着客户到镜子跟前让他自己看看。"您瞧，这衣服您穿上真合身。"销售人员边说还边扯扯客户的衣角，又说："我们现在去量尺寸吧。"

销售人员喊来他的裁缝，问道："您瞧，他穿着如何？"

"很好，我现在就为您裁。"裁缝说着，量着尺寸，拿起笔在衣服上划起来。

"腰部合身吗？"销售人员问道。

"是的，这样很好。"客户答道。

"先生，裤子就这么长，您看如何？"销售人员又问。

"刚好。"客户回答道。

"先生，您喜欢有反褶的裤脚吗？"销售人员问。

"不喜欢。"客户答。

"这套衣服做好需要多长时间？"销售人员问裁缝。

"星期四就可以来取了。"裁缝直接告诉客户。

"这身衣服看起来很适合您。"销售人员最后又说了一遍，并赞许地点点头。

"随我到领带室来，我为您选一条配套的领带。"他边说边带着客户走进了领带室。

在上面的例子里，销售人员一次又一次巧妙采用了假设成交的方法。从假设客户要照镜子到客户要量尺寸，再到要定做衣服至最后要配领带，无一不是销售人员假设的结果。

客户没有说出"不"字，也就暗示同意。销售人员知道此时这笔生意已十拿九稳了。

销售人员在确认这桩生意能成交之前一直没有停止采用假设的方法，到客户走出商店的时候，他还未停止销售："请下次来时一定再找我。"这里，他又一次地假设客户会再来。

事实上，因为销售人员自始至终都在虚构"你要这件产品"的结果，那么，这种虚构的结果如何呢？客户果然要了这件产品。这属于一种心理策略。

作为一个优秀的销售人员，如果在假设客户愿意购买的前提下进行销售，这种态度对于客户作出购买决定有着积极的影响。

例如，某加油站培训了一批服务员，他们走近客户时总是这么问："我给您装满×××牌汽油好吗？"在这里，服务员"假设"两件事：首先，客户需要的是最大容量油箱里的汽油；其次，客户需要的是石油湾地区销售最贵的那种汽油。倘若服务员只是问客户："您需要哪种汽油？需要多少？"不难想象，这样的结果可能是你只能售出最普通的汽油。

只要你稍作观察，你就会发现，像航空公司、出租车公司和酒店在回答客户询问预订机票、车票和房间时，常常提出这样的问题："您希望把这些费用记在您的签证信用卡上，还是万事达信用卡上呢？"这种索要信用卡的方式就是表示成交在望了。当然，假设成交的方法应在极巧妙而又不得罪人的过程中去完成。

## 🔴 巧妙利用"真实"

日本"销售之神"原一平拜访了一位完全有能力投保的客户，那位客户虽然表明自己很关心家人的幸福，但当原一平劝说他投保时，他却提出不少异议，并进行了一些琐碎且毫无意义的反驳。原一平意识到，如果不用一些好对策的话，这次谈判大概不会成功了。

原一平凝视着那位客户说：

"先生，我真不明白您为什么还那么犹豫不决！您已经对我说了自己的要求；而且您也有足够的能力支付有关的保险费，您也爱您的家属。不过，我好像是对您提出了一个不合适的保险方式。也许我不应该让您签订这种方式的保险合同，而应该签订'29天保险'合同。"

原一平稍作停顿，又说道：

"关于'29天保险'合同，我想简单地说明一下。第一，这个合同的金额和您所提出的金额是相同的；第二，满期退还金也是完全同额的；第三，'29天保险'兼备两个特约条件，那就是设想您万一失去支付能力而无力交纳保险费，或者因为事故而造成死亡时，则约定免交保险费和发生灾害时增额保障的条件。这种'29天保险'的保险费，只不过是正常规模保险合同保险费的50%。单从这方面来说，它似乎更符合您的要求。"

那位客户吃惊地瞪大了眼睛，问道："可是，所谓'29天保险'到底是什么意思呢？"

"先生，'29天保险'就是您每月受到保险的日子是29天。例如，这个月是4月份，有30天，你可以得到29天的保险，只有1天除外。这一天可以任由您选择，您大概会选星期六或星期天吧？"原一平停了片刻，然后再接着说："这可不太好吧？恐怕您这两天要待在家里，其实按统计来说，家庭这个地方是最容易发生危险的地方。"

原一平看着那位客户，过了一会儿，又开口说道："从公平的角度来看，先生，即使您让我马上从您家出去，那也是情理之中的事情。我说了不应该说的事情，我显然忽略了您家属将来

的幸福，而您却是对于家属责任感很强的人。我在说明这种'29
天保险'时说，您每月有一天或两天没有保障，我担心您会想，
'如果我死去或被人杀害时将会怎么办？'

　　"先生，请您放心。保险行业虽然有各种各样的保险方式，
但目前我们公司并未认可这种'29天保险'。我只不过冒昧地说
说而已。那么，为什么还要说呢？我想，如果是您的话，也一定
会想，无论如何也不能让您的家庭处于无依无靠的不安状态。您
大概会有这样的感受吧，先生？

　　"我确信，像您这样的人从开始就知道那种合同的价值，它
规定，客户在1周7天内1天不缺，在1天24小时里连1小时也不落
下，不管在什么地方，也不管您在干什么，都能对您进行保障。
您的家属受到这样的保障，难道不正是您所希望的吗？"

　　结果，这位客户完完全全地被说服了，心服口服地投了费用
最高的保险。

　　原一平之所以销售成功，关键在于他杜撰的"29天保险"。
这种保险闻所未闻，引起了客户的好奇心，如果没有"29天保
险"开路，这次销售很难成功。

　　原一平在他的销售生涯中，曾多次使用这种方法，虽不是屡
战屡胜，但十之八九能成功。

　　在面谈时，如果直接说出真实的情况，可能会使对方感觉不
快，往往令自己陷入绝境。为了引起客户的注意与兴趣，销售人
员可以巧妙地假设另一种"真实"情况，唤起客户的好奇心，然
后再从中道出所销售产品的好处。

## 🔵 巧妙回避大实话

郑豪的车已经用了十几年了，最近有不少销售人员向他销售各式车子，他们总是说："您的车太破了，开这样的破车很容易出车祸的……"或者说："您这破车三天两头就得修理，修理费太多了……"郑豪却执意不买。

有一天，一位中年销售人员又向郑豪销售，他说："您的车还可以再开几年，换了新车太可惜。不过，一辆车能够行驶12万英里，您开车的技术的确高人一筹。"这句话使郑豪觉得很开心，他即刻买下了一辆新车。

有时，客户会自己说自己的东西不好，比如说："这辆车太破，想买辆新车。"这时你也不能跟着附和："你这车确实够破了，早该换辆新车。"特别是在谈及孩子时，当客户说他的孩子太淘气时，你若顺着他的话说："是够淘气的"，那你就休想让他们买你的产品，你可以说："聪明的孩子都淘气"。

如果你是一名服装销售人员，有一位客户走进了你的店门，你发现他身上穿着一件很旧的外套，你就想卖给他一件新外套，看着他身上的破旧外套，你心里一定在想："这人怎么还穿这种破衣服？这还是好几年以前流行的款式，他居然穿了这么多年，这衣服早该当抹布使了。"你心里这样想，但嘴上不能这样说，如果你实话实说，那就很难在销售上有所突破。

如果你是一名汽车销售人员，当客户问你他那辆旧车可以折合多少钱时，你心里想的也许是："这种破车还能值几个钱？"这可能是大实话，那辆车也许确确实实就是一辆不值钱的破车，它的轮胎也许已经磨损得不像样子；它烧起汽油来也许比货车还要多，车里的气味也许很难闻。总而言之，它就是一辆破车，但这种大实话你不能说。因为这是客户的车，他可能很爱这辆汽车，毕竟他开了这么多年，多少总会有点感情。即使他不喜欢这辆车，也只有他才有资格来批评。如果你先开口说这辆汽车如何如何的糟糕，这无疑是在侮辱汽车的主人，不知不觉中已经伤害了他的自尊心。想想这些，你还敢批评客户用过的东西吗？

某销售人员正在销售甲、乙两套房子，他想卖出甲房子，因此他在和客户交谈时说：

"您看这两套房子怎么样？现在甲房子已经在前两天被人看中了，要我替他留着，因此您还是看看乙房子吧，其实它也不错。"

客户当然两套房子都要看，而销售人员的话语也在客户心中留下了深刻的印象，产生了一种"甲房子被人看中，肯定比乙房子好"的心理。

过了几天，销售人员兴高采烈地找到客户，说："您现在可以买甲房子，您真是幸运，以前订甲房子的客户由于资金紧张，只好先不买房了，于是我就把这套房子留给了您。"

听到这里，客户当然很高兴自己能有机会买到甲房子，现在自己想要的东西送上门了，眼下不买，更待何时？因此，买卖甲房子的交易很快达成了。

在这个例子中，销售人员稳稳地掌握住客户的心理，把客户的注意力吸引到甲房子上，又给他一个遗憾，刺激起了他对甲房子的更强的购买欲，最后很轻松地就让客户高高兴兴地买下了甲房子。

如果销售人员不制造一种"甲房子被人看中，肯定比乙房子好"的情形，客户很可能在看房的时候就会想："这里的房子为什么没有人买呀？肯定有它不好的地方而我没有发现。"如果是这样，客户就极有可能再去其他的房产商那里看房子，那他回头的几率就会很低了。所以说，大实话在某些时候是万万不能说的。

## 把握巧妙激将的尺度

日本有一家关西药房，这家药房的老板人缘极好，不管是什么话，只要从他嘴里说出来，总是那么动听，因而生意兴隆。每当客户一上门，他就马上起身相迎，客气地说"欢迎光临"，使进店来的客户感到心情愉悦，产生被人重视的满足感。接下来，药房老板对于年纪大的人，就会说"您看起来真年轻"；对于爱美、喜欢打扮的小姐、太太，会说"您身上穿的这套衣服很漂亮"之类令人听了舒坦又温馨的话。

一位销售人员在一位姓张的客户家里展示一套炊具的功能。因为是在客户家中，销售人员有机会看到他们的橱柜正缺少他所销售的这种炊具，自然认为这个客户家需要一套炊具。然而他足足花费了两个小时，仍未达成交易。张太太不断地说："没有钱，太贵了，买不起！"

可是，当销售人员无意中提及细瓷器的时候，张太太的眼睛就闪出了亮光。

张太太："你有细瓷器吗？"

销售人员："巧得很，我们公司有世界上质地最好的细瓷器！"

张太太："你带来了没有？"

销售人员："您真走运，我今天正带着。"

几分钟后，销售人员带着一份瓷器订单离开了客户家，金额比他曾试图销售的炊具金额要高得多。

事实上，销售人员并没有对细瓷器进行过销售，他所做的不过是顺着客户的喜好，选出她比较喜欢的式样，并且商定付款办法而已。

在生意场上，如果想使自己的产品卖出好价钱，知道对方是个心烦气躁的人，用什么方法最容易使人就范呢？

看下面这个例子：

"这个东西你不会买的，它太贵了！"

"看你这身装束和打扮，就不该买这个东西。"

"算了，别看了，老半天还看不够，没带钱就算了。"

"不是我小看你，你压根就拿不出钱来买，我再降低价格，你也只是说说而已。"

以上的几个方面，是买卖双方常用的激将语。在生意场上，不妨运用这种激将法试试。

某种职业、某种人群在性格上具有某些共同的特征，激将法在这些人身上会有不同的效应。一般来说，年纪轻的要比年纪大的人易"激"，越是讲究衣着打扮的、好争高比强的、地位较高、受人尊重的人越怕被别人看不起。只要你掌握了激将法，那无疑对你的销售技巧将是莫大的帮助和补充。

## 出人意料的巧妙话

出人意料的巧妙话，可以抓住客户的心。但是在这里要提醒销售人员，并不是所有的人都会对你出人意料的话感兴趣，巧妙话说不好，反而会招致客户的反感。因此，在使用这一技巧之前，销售人员一定要仔细设计和考虑，以免取得相反的效果。

有一位销售高手就是用一句出人意料的巧妙话，和一位顽固的客户做成了生意。

德国有一位医生，医术高明，但是对所有上门的销售人员都不给好脸色看，连说话都不情愿。他也要求秘书小姐这样做。

有一位聪明的销售人员打算给他的客户介绍个人税务筹划业务，这位高明的医生就在他的潜在客户之列。跟以往一样，其他销售人员都吃了闭门羹，根本就没有见到医生的面。

而这位销售人员却和他们不一样，运用出人意料的巧妙话竟将顽固的医生成功征服。他是如何做到的？

销售人员打听到医生喜欢美术，刚好最近有重要的美术展览，医生肯定会参观。于是他打听好展览的时间与地点，然后就开始留意医生的行为。当医生参加展览会时，他总会借故与医生攀谈，最后互相交换了姓名与电话。

几天之后，这位销售人员打电话给医生。

"是那位在画廊见过的某某先生吗？"医生问。

"是的。我是一家个人税务筹划公司的销售人员，很高兴能为您这样的客户服务。"

"没有用。你们这些销售人员通通都是骗子！"

无论销售人员怎么说，医生就是不肯答应见面会谈。

医生正打算要挂电话的时候，听见销售人员说："大夫，容我说最后一句话，所有的医生都是杀手。"

"你说什么？"医生声音大得惊人。

当然，销售人员已经料定他是这样的反应，因此，拿出早就准备好的方案，给医生讲述了一个故事。在故事中，销售人员的朋友因为医生的缘故而丧命。为了更有说服力，销售人员甚至讲了很多细节。

医生当然了解这一类的情况，他反驳说："有这样的情况，但您也不能以偏概全呀。"

"情况正是如此。您也不能以偏概全，说销售人员都是骗子呀。"

这让医生没有话说，双方定好了会谈的时间。

在医生家里，销售人员对医生家庭装修的高雅品位赞不绝口，最后，他看到了一套维多利亚时代的灯具，就用充满羡慕的口吻说："您府上搜集这些价值连城的珍品，一定花费您不少的时间吧？"

医生说："是。"

"如果能够合法节约税金，辛苦挣到的钱少交一些给税务局，您就能有更多的钱来收集这些珍品。"

医生当然有兴趣讨论这个话题。于是，销售人员的业务推广逐渐展开。

销售人员用一句石破天惊的"所有的医生都是杀手"的话，可谓是出人意料的巧妙话，不仅使医生吃惊、好奇，也使他们的交流过程延长。有时间就有销售的可能；有交流的机会，就有销售出产品的胜算。

## SALE! 销售圣经：说巧妙话是门技术活

生意场上的巧妙话并不是人人都能说得了的，这需要有一定的技巧与经验。

### 1. 态度诚恳，语言亲切

说话本身就是用来传递思想和表达感情的。因此，说话的神态、表情至关重要。例如，当自己有求于人时，应诚恳有礼貌地陈述自己的请求，表示感谢之情。即使对方无法帮助自己，也不能表露出不愉快的神情，仍应诚恳地向对方表示感谢之情。如果在请求别人时，嘴上说得十分动听，得不到满足时就冷若冰霜，对方一定把你当作不懂礼貌的人。另外，与人说话时，要多用敬语，可称对方"您""先生"等，而对自己则多用谦语，可自称为"愚""学生"等。

### 2. 语调平和，声音适中

无论在室内还是室外，与人说话的声音不必过高，只要对方能听清就行，而声调要尽可能地平和沉稳。不要一和别人对话，就加大嗓门，或者有意无意地加上一些"啊""嗯"之类的语气词。只要注意克服以上所述的毛病，说话就会使对方感到自然、亲切，也就显得比较有礼貌了。

3. 举止端庄，措辞讲究

在与人说话时，不要故作姿态，更不要"皮笑肉不笑"，给人以虚伪的印象。要让对方感到自己热情、实在、值得信任。因此，说话时的动作要适度、端庄，在必要时可做些手势。如果坐着说话，手不要搭在邻座的椅背上，腿不要乱跷、乱晃、随便颤抖，更不要一边说话一边修指甲、剔牙齿、挖耳搔痒等。

4. 自信谨慎，先思后言

自信能增强说话的语气，使对方感觉到你的实力。每当说话之前，应对自己所要说的话稍作思考。这里所说的思考，有两层含义：一是知己知彼，即一方面对自己的性格、脾气、心境有个正确的估计，设置自我"警戒线"；同时对对方的个性、爱好、兴趣等有一个大概的了解。二是对说话本身有准备，即说话的内容、方式、语言、声调等。

5. 区分对象，因人而异

任何交际都不能离开特定的对象。与人说话，必须根据对象的实际情况，如年龄、身份、地位、文化教养、性格、彼此间的关系等，来恰当地表达。俗话说："射箭要看靶子，弹琴要看对象。"如果说话不看对象，就难免事与愿违。

**下篇** 绝对成交术：把任何东西卖给任何人

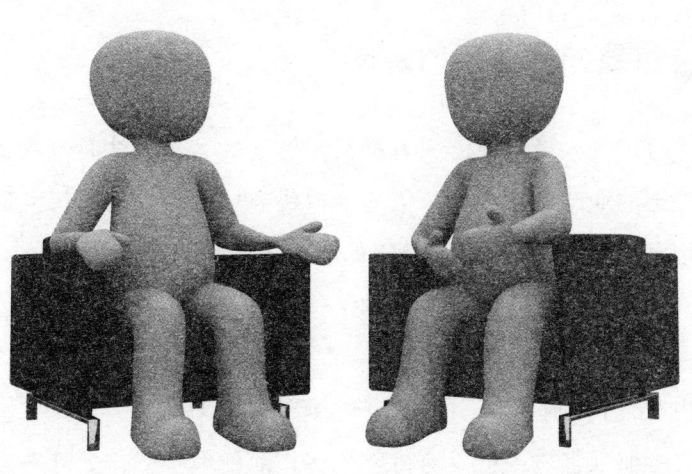

# 第六章  开发客户：
## 做销售从做朋友开始

客户是销售人员的衣食父母，而对于初出茅庐的销售新人来说，最难办的问题就是怎样找到客户。只有找到了客户，你的销售业绩才能节节攀升。因此，作为一名销售新人，你必须充分重视客户，并不断培养自己开发客户的本领和技能。寻找客户并不难，引用销售行业里的一句名言就是：客户潜伏在你身边。

## 🔴 准客户须具备的条件

对销售人员来说，只有拥有足够多的客户，才有可能实现比较理想的业绩目标。许多人之所以没有成为成功的销售人员，原因是无法开发新客户，不懂得如何去开发新的客户。

销售是一项富有开拓性的工作，它要求销售人员大胆地去迎接一切挑战，将遇到的每一个人都当作自己的潜在客户。如果认为这些人都不能成为自己的准客户，那么销售工作迟早会步入绝境。

所谓准客户，就是有可能购买产品的客户。作为准客户，至少具备以下三个条件。

1. 有购买力

这是最为重要的一点。在考察每个客户时一定要分析如下问题：他有支付能力吗？他买得起这些东西吗？比如，向一个月收入只有2 000元的普通工薪族推销一部奔驰车，尽管他很想买，但他能买得起吗？

2. 有购买决策权

在实际运作中，销售不成功的一个很大影响因素就是，销售人员辛辛苦苦找到的人却没有最终的购买决定权。

小刘是某个广告公司的业务员，他与一家公司副总谈了2个月广告业务，彼此都非常认同，但最终却没能达成任何交易，因为该公司的总经理是副总的太太，而她最后否定了这笔交易。就这样小刘白白浪费了很多时间。

有时，使用者、决策者和购买者不是一个人，如想买玩具的小孩儿是使用者，决策者可能是妈妈，购买者可能是爸爸。

3. 有现实需求

除了购买能力和决定权之外，还要看准客户是否有需求。比如一个人刚买了一台洗衣机，销售人员再向他销售洗衣机，尽管他具备购买能力和决策权，但他没有需求，自然也就不是要找的准客户。

只有具备以上三个条件的人才是销售人员要找的准客户。但在实际操作中，也可能会碰到以下状况，到时候就应该根据具体状况来采取相应的对策：

（1）M1+A1+N1：是理想的销售对象。

（2）M1+A1+N0：运用熟练的销售技术，有成功的希望。

（3）M1+A0+N1：可以接触，但应设法找到具有A的人。

（4）M0+A1+N1：可以接触，需调查其信用条件、业务状况等给予融资。

（5）M1+A0+N0：可以接触，应长期观察、培养，使之具备另一条件。

（6）M0+A1+N0：可以接触，应长期观察、培养，使之具备另一条件。

（7）M0+A0+N0：可以接触，应长期观察、培养，使之具备另一条件。

（8）M0+N0+N0：不是客户，应停止接触。

式中，M代表购买力；A代表决策权；N代表需求；1代表有；0代表无。

从上述状况来看，潜在客户有时虽欠缺某一条件（如购买力或购买决定权等），但仍然可以开发，只要应用适当的策略，便能使其成为新客户。

要成为一名成功的销售人员，就得培养一个牢固的准客户的基础。要想保持这一基础的牢固，销售人员就得不断地、有效地找到准客户。当然，应该首先花主要精力去寻找M+A+N，这样不但可以省时省力，还可以获得更多利益。

## 利用公司资源开拓客户

你所在的公司是最容易使用的资源，而且它肯定能为你提供帮助。专业推销员应充分利用公司内部的各种对搜寻有帮助的信息、人员和手段。

公司内部可利用的信息、人员和手段主要有以下几个方面：

（1）当前客户。公司的其他部门可能正在向你不知道的一些客户进行推销。你可以从这些部门获得客户目录清单以及与这些客户有关的有价值的信息。

这些目录清单可能包括一些你以前忽略掉的潜在客户。由于这些客户是你公司的老主顾，所以非常有理由相信他们会对你提供的商品或劳务感兴趣。

（2）财务部门。公司的财务部门能帮你找到那些不再从公司买东西的从前的客户。如果你能确定他们不再购买的原因，那么就有机会重新赢得他们。

这些潜在客户熟悉你提供的商品或劳务，而且公司的财务部门对其信用也表示认可。另外，公司的财务部门可能还有与这些潜在客户签订信用合同的各种记录。现在正是利用这一资源的大好机会。

（3）服务部门。公司服务部门的人员能向你提供新的潜在客户的信息。因为他们经常与购买公司产品并需要维护或维修的客户进行接触，因此，他们更容易识别出哪些客户需要新的产品。销售人员要学会鼓励服务部门的人员提供有关潜在客户的各种信息，并且当在他们的帮助下推销成功时，要给予他们一定的回报。公司的送货员也容易发现潜在客户的需求。最后，别忘了与非竞争对手企业的服务部人员进行合作。

彼德是一名杰出的"别克"汽车推销员。公司里的其他推销员非常奇怪为什么那么多客户来了以后直接找他订货。彼德之所以有这么好的生意，靠的全是他与公司服务部门保持着良好的关系。每当机械修理师发现有寿命快到期的轿车而且车主有买车愿望时，他们便把这一信息告诉彼德。然后彼德打电话给这名车主，并许诺如果从他这里买车他会提供最大的优惠。

当销售成功时，彼德就从佣金中分一部分给机械师。

（4）公司广告。很多公司订货增加是因为它们做了大量电视和广播广告，或是在报纸杂志上做了大量宣传，要么就是在特定区域内寄送了大量优惠卡。人们对这些措施的反应予以注意——他们为什么会有这样的反应呢？一般地，有这些反应的人被称为活跃的潜在客户。在你的销售过程中要尽量发挥公司广告所带来的好处。

（5）展销会。每年有成千上万次展销会举行，有汽车展销、旅游用品展销、家具展销、电脑展销、服装展销、家庭用品展销等，名目繁多。

公司要记下每个到展销柜台的参观者的姓名、地址和其他有关信息。然后把这些信息交给推销人员，以便他们进行跟踪联系。公司一定要迅速找到并吸引这些潜在客户，因为展销会上的其他公司同样会对这些潜在客户感兴趣。所以你一定要争取先拥有他们。

（6）电话和邮寄导购。很多公司寄出大量的回复卡片，或是雇人进行电话导购联系。用这一方法可以获得大量潜在客户。而且，几乎所有的公司都可以用这一方法吸引感兴趣的潜在客户。

因此，要努力使你能通过应用这一方法获得好处。

## 🔵 利用个人影响开拓客户

虽然公司及外部资源会提供给你很多潜在客户的信息，但是，所有的销售人员还必须要依靠个人的积极性，努力培养潜在客户，游说兜售这种技巧的主要依据是概率原则。

假定你如果拜访了相当数量的家庭和客户，那么肯定会从其中发现一些潜在客户。

例如，在上门推销的方式中，如果拜访了所有的家庭，那么你肯定会推销出几件产品。很多产品和服务，如大英百科全书、吸尘器、化妆品、家庭日用品、壁画、保险等，都可以用这种方式推进销售。游说兜售也可以用于厂商与厂商之间的交易。例如，汽车生产厂家的推销人员通过拜访某一特定地区的所有汽车代销商也可以创造良好的销售业绩。

游说兜售适用于有流行趋势的产品或服务。当然，这种方式也有一些弊端，由于需要接触大量客户，不可避免地会浪费很多时间。

不过，通过销售人员的慎重选择，销售的成功率是可以提高的。例如，百科全书的推销员可以不必对每家每户进行推销，他只需选择有小孩的家庭进行集中推销即可。此外，要善于利用下列个人资源：

（1）侦察员。销售人员可以利用所谓的"侦察员"来获得有关潜在客户的线索。侦察员可以有多种来源：他们可以是家庭主妇或是退休人员，利用闲暇时间来为销售人员打电话；他们也可以是学生，利用课余时间从事上门推销。

任何可以被用来发现潜在客户的人都可以被称为侦察员。汽车销售经纪人可以向汽车保险销售商提供潜在客户的名单。房屋装修人员可以向搬家公司提供潜在客户的名单。利用侦察员可以节省时间并提高推销人员销售的成功率。当销售完成时，侦察员可以获得佣金报酬。

（2）朋友或熟人。潜在客户有时也许就在你身边，不要忽视你的熟人。如同其他人一样，你的朋友对各种产品和服务也有相当广泛的需要。人寿保险公司通常要求其新职员从他们身边的熟人开始做起。这种方式对于很多其他的产品和服务也比较适用，例如房地产、旅游和安全保险等。

（3）关系网。简言之，关系网是一种交际的技巧，而要想形成一个有效的关系网，你必须遵循以下几个原则：①结识你可能认识的所有的人；②让你所结识的人了解你的工作；③找出他们中间的潜在客户。

（4）个人的机敏。寻找潜在客户的手段有很多种，但是，没有任何一种东西能够代替对自身周围机会的敏感：竖起你的耳朵，睁大你的眼睛。有些销售人员对自身周围的每一个机会都十分敏感；而有些销售人员对撞到身上的机会都视而不见。

在随意的闲聊中所获得的信息有时是很重要的商业机会。新闻报道中也许有很多线索。招聘新员工的广告意味着某个企业的业务扩展。节日也会提供销售机会，有时，天气的变化也会刺激人们购买某些产品的欲望。销售人员应时刻注意并充分利用这些机会。

## 请人介绍来拓展客户

对很多销售人员来说，感到最头痛也最吃力的事情，就是开拓潜在客户。其实事情远远没有你想象的那么困难，你现有的客户群就可以好好再开发。

注意分析一下你收集来的客户资料，你将不难发现，在现有客户群中，还隐藏着很多潜在客户，存在很大的客户市场，等待你去开拓！怎么开拓呢？

有一种很好的方法叫作转介绍，也就是让现有的客户帮你介绍新的客户。

这是开拓潜在客户最为有效的方法之一。通过转介绍，还可减少初次拜访的陌生感，同时有现有客户的认可，更具有先入为主的说服力，赢得潜在客户的认可，促成交易。如此，你的客户群就像滚雪球一样，越滚越大！

1. 让客户认可你

你要向客户提出请求，并解释什么是转介绍。只有得到客户的认可，客户才会把朋友的近况及家庭情况告诉你。

具体来说，获得客户认同要做到两点：

（1）要有责任感，笃守信誉。在经营活动中，一定要重信誉、讲信用，以实际行动赢得客户信任，客户才乐意做转介绍。

（2）给客户提供满意的服务，只有以真诚服务打动客户的心，才会获得客户的认可，客户才会放心地把你推荐给朋友，自愿反馈朋友信息给你。

让客户认可你，这是很重要的一步，迈出这一步，后面的事情就好办了。但如果你遇到拒绝提供转介绍的客户，就应该尽快找出客户拒绝的原因，打消客户的顾虑，解除客户的担忧。

2. 获得潜在客户的资料

当你获得客户的认可后，他会把一些潜在客户的详细资料提供给你。

你在收集这些资料时，要掌握潜在客户的姓名、年龄、家庭及单位地址和电话号码、教育背景及未来计划，同时还需掌握潜在客户的兴趣、情感与性格。这样，你就对潜在客户有了大致的了解和认识，轻松掌握了潜在客户的生活详情，为陌生拜访客户奠定了基础。

3. 准确锁定潜在客户

根据掌握的资料，认真对潜在客户进行筛选，选择最具有可能性和最具购买实力的潜在客户锁定为主攻对象。锁定客户后，选择恰当的拜访时间、方式、话题，精心为潜在客户设计计划。

虽然是陌生拜访，但对客户资料了如指掌，就能做到介绍得心应手，句句说到潜在客户心坎上；再则你是经朋友介绍来的，潜在客户不会拒你于千里之外，更不会为难你，甚至还会产生一种亲切感、信任感。

可以借助自己为客户提供的服务，用事实证明自己的信誉与能力。如此双管齐下，作用更为明显，相信会事半功倍。潜在客户也会接受你的观点，成为你的客户，最后促成交易。

## ● 让推荐人帮你宣传

美国销售专家乔·吉拉德在自传中写道："每一个用户的背后都有250个客户，销售人员若得罪一个客户，也就意味着得罪了250个客户；相反，如果销售人员能够充分发挥自己的才智利用一个客户，他也就得到了250个关系。"这就是乔·吉拉德著名的"250定律"。美国保险销售大王弗兰克·贝特格特别强调了这种方法的有效性，他还有这样的亲身经历。

一个意志消沉的年轻人来向弗兰克·贝特格请教。他说自己推销寿险已经1年多了，刚开始做得还不错，可当他把寿险销售给一些朋友及大学同学后，就不知该怎样继续了，现在他心灰意冷，准备放弃。

弗兰克·贝特格对他说："年轻人，你只做到了事情的一半，回去找向你买过保险的客户，从每个客户那里至少会得到2个以上的客户。此外，不管面谈结果如何，都可以请拜访过的每个客户给你介绍朋友、亲戚等。"

半年后，他又找到弗兰克·贝特格，他说："贝特格先生，回去后我紧紧把握一个原则就是不管面谈结果如何，我一定从每个拜访对象那里至少得到2个介绍名单。我现在已经得到500个以上的名单，比我自己四处去闯所得的要多出许多。今年头半年，我已缴出23.8万美元。以我目前持有的保险来推算，今年我的业绩应该会超出150万美元！"

有很多销售人员认为，任何人只要肯介绍客户，他就是好的推荐人。从理论上来看这确实没有错，可是唯有推荐人本身也是合适客户，才会更具有说服力。强有力的推荐人，对销售人员来说，具有很高的价值。可是通常只有满足以下两个条件，客户才愿意为销售人员做郑重的推荐：

（1）推荐人跟销售人员有非同一般的友谊，以至于推荐人可以不计后果，而且不管结果会怎样，都愿意鼎力推荐。客户多半来自销售人员个人亲密的亲朋好友，再就是销售人员曾经有恩于他，基于报恩，所以愿意大力相助。

（2）推荐人有助人为乐的作风。也许是以前的客户、亲戚、朋友或者是一些有社交来往的人——当然不是仅限于这些人。

很多销售人员会觉得要人帮忙介绍客户是一件非常难开口的事，觉得这对销售人员的名声很不好。其实那是错误的，只要要求别人帮忙的时候说得适当、自然，就可以得到好的结果，而且销售人员自身的寻求客户的技巧也会跟着大大提高。

销售人员不仅可以利用客户为自己宣传，还可以利用局外人为自己宣传。在一般情况下，法庭的陪审团很难对律师的辩护词给予充分的肯定，所以最终的判决与律师的努力形成不了正比。面对这种情况，辩护律师通常请目击证人到法庭上提供最有利的证词，以增强辩护词的可信度，取得预期效果。不妨将这种方法引入销售当中，"证人"可以让销售人员节省很多精力。利用"局外人"销售，会非常快捷而又有效地获得客户的信赖。

有一个公司的董事长打算去加拿大旅游，希望下榻到一家设施高档、服务周到的饭店。一些销售人员听到这条消息如获至宝，纷纷向董事长介绍他们的饭店和服务，结果让他不知如何选择。后来他看到了一封与众不同的信，信中建议他给一些曾下榻过他们饭店的人打电话咨询那里的情况。

这位董事长发现名单当中有一个认识的人，于是给他打电话，这个人对这家饭店大加称赞，并极力推荐，最后董事长选择了这家饭店。

利用"局外人"来拓展客户，是快速而又有效地获得客户信赖的一种方法，是与竞争对手争夺客户的最好武器。

销售人员想要快速进步与成长，同时又想要出色地工作，一定要学会开发推荐人的技巧，因为这才是销售成功的诀窍。

## SALE! 销售圣经：寻找准客户的方法

销售人员在寻找准客户时不能太盲目，必须掌握一些基本方法。这种方法其实也很简单，最重要的就是用心和坚持。市场是最大的课堂，客户是最好的老师。所以，销售人员要懂得在实践中去学习、总结，注意多听、多看、多思考。

寻找准客户的方法有以下三种。

1. 企业内部搜索法

在大多情况下，搜索准客户，首先应该从本企业内部获得有关客户的信息资料，这样既准确快捷，又省时省力，可以说是一条切实可行的捷径。

2. 人际连锁效应法

（1）介绍法。通过现有客户来挖掘潜在客户。在现有客户的配合协助下，常常就可以找到许多准客户。因此，销售人员千万不要忽视老客户的作用，要学会培养一批忠诚的老客户，并运用这些客户的力量获得更多的准客户名单。因为，每个人背后都有很多朋友。

（2）交换法。与其他公司的销售人员交换客户名单。

3.市场调查走访法

假如通过上述两种方法都不能如愿，那么销售人员就需要进一步扩大搜寻区域，这就需要通过市场调查走访来开拓潜在客户。

市场调查走访法是指在更大的区域和更广的视野内实现销售战略的一种方法。打个比方说，如果从企业内部和从已有客户及亲友中寻找客户是"用渔竿钓鱼"，那么，从市场调查中搜索准客户则是"用网打鱼"，这种方法覆盖面广，往往容易取得较好的销售绩效，找到更多的潜在客户。

市场调查走访法要求销售人员做到以下两点：

第一，随时随地寻找准客户。一个优秀的销售人员会随时随地寻找准客户。而各类的社交活动就是寻找准客户的最佳时机，如喜宴、葬礼、座谈会、演讲会等。例如，陈小姐大学毕业后来广州工作，在一家电器公司做推销员。初来乍到、人生地不熟，于是她周六、周日必去登山，演唱会、音乐会等也一定去，可谓每会必到。由此，在短短的时间内认识了很多准客户，业务做得很红火。

第二，大范围地发送名片。每一位销售人员都应设法让更多的人知道你是干什么的，推销的是什么商品。这样，当他们需要这些商品时，就会想到你。你可以利用一些有益的社交活动认识一些人，让更多的人知道你。在这个时候就要利用你的名片了。你的名片一定要有特色，让它不至于被对方忽视或遗忘或在你发放给他人的第二天在垃圾桶里找到它。

每个人都使用名片，但乔·吉拉德的做法与众不同：他到处递送名片，在商场购物时递，在餐馆就餐付账时递，甚至利用看体育比赛的机会来推广自己。他订了体育比赛最好的座位，带去10 000张名片。当人们为明星的出场而欢呼的时候，他把名片扔了出去。他认为，正是这种做法帮他做成了一笔笔生意。当人们要买汽车时，自然会想起那个抛撒名片的推销员，想起名片上的名字：乔·吉拉德。他的成就正是来源于此。

有人就有客户，如果你让他们知道你在哪里、你卖的是什么，你就有可能得到更多的机会。

# 第七章 玩转情商：
## 99% 的人不知道的销售软技巧

　　销售员真诚的微笑能化解客户坏情绪，满怀怨气的客户在面对春风般温暖的微笑中会不自觉地减少怨气，愉快购物。

## 🔘 好态度是销售的关键

　　客户始终正确，这是个非常重要的观念，有了这种观念，就会有平和的心态来处理客户的抱怨。销售员应该认识到，有抱怨和不满的客户是对企业仍有期望的客户，对于客户的抱怨行为应该给予肯定、鼓励和感谢，并且尽可能地满足客户的要求。客户与企业的沟通过程中，因为存在沟通的障碍而容易产生误解，即便如此，决不能与客户进行争辩，那样的话会失去客户与生意。

　　当客户投诉或抱怨时，不要忽略任何一个问题，因为每个问题都可能有一些深层次的原因。客户抱怨不仅可以增进企业与客户之间的沟通，而且可以诊断企业内部经营与管理所存在的问题，应当利用客户的投诉与抱怨来发现企业需要改进的领域。

　　比如，一个客户在某商场购物，对于他购买的产品基本满意，但是他发现了一个小问题，提出来替换，但是售货员不太礼貌地拒绝了他，这时他开始抱怨，并投诉产品质量。但是事实上，他的抱怨中，更多的是因为售货员服务态度问题，而不是产品质量问题。

对于客户的抱怨应该及时正确地处理，拖延时间，只会使客户的抱怨变得越来越强烈，客户感到自己没有受到足够的重视。例如，客户抱怨产品质量不好，企业通过调查研究，发现主要原因在于客户的使用不当，这时应及时地通知客户维修产品，告诉客户正确的使用方法，而不能简单地认为这与企业无关，不予理睬。这样的话即使企业没有责任，也会失去客户。如果经过调查，发现产品确实存在问题，应该给予赔偿，并尽快告诉客户处理的结果。

对于客户的抱怨与解决情况，要做好记录，并且应定期总结。在处理客户抱怨中发现问题，对于产品质量问题，应该及时通知生产方；对于服务态度与技巧方面的问题，应该向管理部门提出，加强教育与培训。处理完客户的抱怨之后，应与客户积极沟通，了解客户对于企业处理问题的态度和看法，增加客户对企业的忠诚度。

销售员工在处理客户的抱怨时，除了依据客户处理的一般程序之外，要注意与客户的沟通，改善与客户的关系。对于客户的抱怨要有平常心态，客户抱怨时常常都带有情绪或者比较冲动，作为销售员工应该体谅客户的心情，以平常心对待客户的过激行为，不要把个人的情绪变化带到抱怨的处理之中。

俗话说"伸手不打笑脸人"，销售员真诚的微笑能化解客户坏情绪，满怀怨气的客户在面对春风般温暖的微笑中会不自觉地减少怨气，愉快购物。

## 🔘 记住客户的名字

有一位经营美容店的老板说："在我们店里，凡是第二次上门的，我们规定不能只说'请进'，而要说，'请进！×小姐（太太）。'所以，只要来过一次，我们就存入档案，全店人员必须记住她的名字。"

如此重视客户的姓名，使客户感到备受尊重，走进店里颇有宾至如归之感。因此，客户越来越多，生意越加兴隆了。

安德鲁·卡耐基被人誉为"钢铁大王"，但他本人对钢铁生产所知无几，他有几百名比他懂行的人在为他工作。他致富的原因是什么呢？他知道怎样利用客户的名字来赢得客户的好感。例如，他想把钢轨出售给宾夕法尼亚铁路公司，当时，那家公司的总裁是齐·埃德加·汤姆森，卡耐基就在匹兹堡造一座大型钢铁厂，并取名为"齐·埃德加·汤姆森钢铁厂"。这样，当宾夕法尼亚铁路公司需要钢轨的时候，就只从卡耐基的钢铁厂购买。

在任何语言中，对任何一个人而言，最动听、最重要的字眼就是他的名字。

当你走在陌生人群中，突然听到有人呼唤你的名字，什么感受？兴奋！假如这个能叫出你名字的人是曾经向你销售过某种产品的人，这丝毫不影响你的愉快心情，只能加深对他的好感。这种销售技巧被人们叫作记名销售法则。真心地向客户请教，会使客户认为在你心目中他是个重要人物的最好办法，既然你如此看得起他，他是不会不给你面子的。

难道你比罗斯福和拿破仑三世还要忙吗？当然，你没有。

但是，你为什么记不住别人的名字呢？

罗斯福总统知道一种最简单、最明显、最重要的能博得好感的方法，就是记住别人的名字，使人感到被重视。曾经发生过这样一件事：克莱斯勒公司为罗斯福制造了一辆汽车。当汽车送到白宫的时候，一位机械师也去了，并被介绍给罗斯福。这位机械师很怕羞，躲在人后没有和罗斯福讲话。罗斯福只听到他的名字一次，但当他们离开的时候，罗斯福寻找到这位机械师，和他握手，并叫着他的名字，谢谢他到华盛顿来。机械师深受感动，数年以后还经常提起这件事。

拿破仑三世（即拿破仑的侄子）曾自夸说，虽然他国事很忙，但他能记住每一个他所见过的人的姓名。所以你要知道，记不住客户的名字，忙是最蹩脚的借口。

当然，记住客户的名字，并不是一件轻而易举的事，需要下一点工夫，还得有一套行之有效的方法。一般要想把名字和面孔正确配对，需要有如下5种技巧。

1. 正视别人

现代社会里人际关系越来越疏远，甚至有些人还会认为正视别人是不礼貌的事。为了增进记忆人名的能力，必须克服这些感觉。当你正视对方时，对方会感到激动，因为正视对方表示对他很感兴趣，因而对方也会记住你。

## 2. 注意对方特征

当把注意力集中在对方的面孔上时，尽量找出有关的资料记忆。人有多方面的特征，有外型的特征，如眼睛特别大、胡子特别多、前额很突出等；也有职业上的特征、名字上的特征等。把这些特征联系起来，记住名字就没有那么难了。要找出特殊之处，如浓眉、塌鼻子、红色的头发或者有伤痕。卡通或漫画最能将个人独特之处借简单的两三笔线条表示出来。假如能发展这种能力，对识人本领将有莫大的帮助。

## 3. 认真记忆

记住别人的名字有时相当困难。也许某人能在短时间之内记住10张面孔，却无法同时记住10个姓名。在宴会中，主人总是匆匆忙忙地介绍每位客人，往往你还没来得及注意，介绍已经完了，这样便无法记住每个人的姓名及其特征。有时候只有请介绍者介绍得慢一点。若是可行的话，你不妨主动走到别人面前对他说："刚才介绍得太快了，我实在无法记住你的名字。我叫×××，你呢？"这样你就有机会记住对方的名字，并且试着找出这个人的特点。

## 4. 特色记忆

找出姓名的特色可从下面3点考虑：

一是这个名字是否与众不同或很有趣；

二是这个名字是否很普通；

三是名字和你所看到的面孔配不配。

最重要的是把注意力放在名字上。假如你听到一个名字能够把它以句子的形式复述出来，对记忆将大有帮助。比如说，"布朗先生，真高兴认识你"，把注意力直接放在姓名上，并且把名字和面孔进行比较，有助于把姓名和面孔联系在一起。

5. 多与客户接触

见面的次数多了，你想忘记都难了。

不妨试试看，也许你想象不到记住客户的名字对你征服人心有多么大的帮助。

被人记住姓名，可以满足人性的最基本需要——感觉自己重要，以及受到别人的接受和尊重。

记住人名，是提高自己对别人影响力的一种手段。

据说俄罗斯前邮政总局局长杰姆·弗雷有惊人的记忆人名的能力，他能记住4 500多人的姓名，因此常常令人倍感亲切。虽然一般人不必表现出这种卓越的记忆力，但是一定要能叫出经常往来的客户，以及常相往来朋友的姓名。

记住你客户的名字，这将充分表现出你对他的重视。人们通常推崇礼尚往来，你重视他，他自然也会重视你。


## 🔵 做客户的知心人

客户是朋友，只有当真正与客户成为朋友，这才是销售人员最大的资本，这样的朋友是会给销售人员的生意带来许多好处的。以真诚的心，去对待每一位客户，把每一次接待都当作是在为自己的朋友（甚至是自己）服务，这样销售人员就能得到不少的朋友。在实际的工作中，如果能真正为客户多想想，多做一点力所能及的事，客户感动之余就会照顾销售人员的生意。

冬天，一位长者来某公司的展厅看车，不巧原来与他联系的那位同事在休假，于是李颖热情地接待了他，带他取钱，帮忙提车、加油，就这样结识了这位长者。之后，这位长者每次来展厅都很关心李颖及其公司的销售情况，有时还会与李颖拉拉家常："你家有几个姐妹啊？他们都做什么工作？"他还把自己的收藏品拿给李颖看。去年6月份车展的时候，他还特地从关外赶来与李颖一起拍照留念，并约定时间一起爬山。

感受到这位长者的关爱和祝福，李颖心里觉得特别温暖。这种温暖和快乐其实同事们也常遇到。当自己走在路上，突然有辆熟悉的车停下来问你要去哪里，要不要送一程。简单一个招呼，一个微笑，心底里油然而生的是一种温馨喜悦。即使客户没有看见你，熟悉的车从身边飞驰而过，心里也会觉得惬意和快乐。

今年2月份，李颖所在公司举办了"赠人玫瑰，手有余香"的爱心传递活动。其实，人生的付出和收获亦与此次爱心传递活动的主题所反映的道理相一致。由此，李颖悟出一个道理：物质丰厚是幸福的，但仅此而已是不够的，幸福的关键是活得有价值，在享受关爱的同时，也要给身边的其他人"力所能及"的关爱；帮助别人是快乐的，经常帮助别人的人就能经常体验这种快乐，而太多的快乐编织在一起，就形成了幸福。只有这样，人们才能在"知恩、感恩、给予"的循环中不断地感受快乐、收获幸福。也只有和顾客先做朋友，才能得到顾客的信任，从而有利于自己以后工作的开展。

一个成功的销售人员，不仅需要过人的智慧、高人一等的生意手腕、精明的用人方法，更需要有超人的魄力、超强的人脉网络、长远的目光和进取的心态。想达成交易，不妨和客户先成为朋友。

##  为客户做贴心的事情

在销售过程中，销售人员必须认识到客户渴望得到关注的心理，并且要在沟通过程中适时适度地表达对他们的关心和体贴。

《世界上最伟大的销售员》一书中有这么一段话："我要爱所有的人。仇恨将从我的血管中流走。我没有时间去恨，只有时间去爱。现在，我迈出了成为一个优秀的人的第一步。有了爱，我将成为伟大的销售员，即使才疏学浅，也能以爱心获得成功；相反，如果没有爱，即使博学多识，也终将失败。"

可见，销售成功并不完全取决于技巧，有时，只要你拥有一颗爱人之心就可以了。

有一位销售人员经常去拜访一位老太太，打算以养老为理由说服老太太购买股票或者债券，为此，他就常常与老太太聊天，陪老太太散步。

经过一段时间，老太太就离不开他了，常常请他喝茶，或者和他谈些投资的事项。然而不幸的是，老太太突然死了，这位销售人员的生意泡汤了，但他仍然参加了老太太的葬礼。当他抵达会场时，发现竞争对手，另一家证券公司竟也送来了两只花圈，他很纳闷："究竟是怎么一回事呢？"

一个月后，那位老太太的女儿到这位销售人员服务的公司拜访他。她表示，她就是另一家证券某分支机构的经理夫人。她告诉这位销售人员："我在整理母亲遗物的时候，发现了好几张您的名片，上面还写了一些十分关怀的话，我母亲很小心地保存着。而且，我以前也曾听母亲谈起过您，仿佛跟您聊天是生活的快事，因此今天特地前来向您致谢，感谢您曾如此关心我的母亲。"

夫人深深鞠躬，眼角还噙着泪水，又说："为了答谢您的好意，我瞒着丈夫向您购买贵公司的债券。"然后拿出40万元现金，请求签约。

对于这种突如其来的举动，这位销售人员大为惊讶，一时之间，无言以对。这是发生在销售界的一个真实故事，有些人可能认为这份合约来得太突然、太意外，其实不然。老太太的女儿之所以会这样做，就是因为被他的爱心所感动，才买下该公司的债券。

一名好的销售人员应天性上就倾向关心他人，也一直在试图让别人快乐。如果你能让客户或潜在客户感觉到，你是真心喜欢他们，关爱他们，也很敬重他们，那么你的销售将会无往不胜。

乔·吉拉德是世界上最伟大的销售人员之一，他在15年里卖出13 000辆汽车，最多的一年竟卖了1 425辆，他的成功，应该归功于他用关怀温暖了周围的每一个人。

有一次，一位中年妇女走进他的展销室，她说想在这儿看看车打发一会儿时间。闲谈中，她告诉乔·吉拉德她想买一辆白色的福特车，就像她表姐开的那辆一样，但对面福特车行的销售人员让她过一小时后再去，所以她就先来这儿看看。她还说这是她送给自己的生日礼物："今天是我55岁生日。"

"生日快乐！夫人。"乔·吉拉德一边说，一边请她进来随便看看，接着出去交代了一下，然后回来对她说，"夫人，您喜欢白色车，既然您现在有时间，我给您介绍一下我们的双门轿车——也是白色的。"

他们正谈着，女秘书走了进来，将一束玫瑰花递给他。他把花送给那位妇女："祝您长寿，尊敬的夫人。"

显然她很受感动，眼眶都湿了。"已经很久没有人给我送礼物了。"她说，"刚才那位福特销售人员一定看我开了部旧车，以为我买不起新车，我刚要看车他却说要去收一笔款，于是我就上这儿来等他。其实我只是想要一辆白色车而已，只不过表姐的车是福特，所以我也想买福特。现在想想，不买福特也可以。"

最后她在乔·吉拉德这儿买走了一辆雪佛兰，并写了张全额支票，其实从头到尾乔·吉拉德的言语中都没有劝她放弃福特而买雪佛兰的词句。只是因为她在这里感受了重视和关心，于是放弃了原来的打算，转而选择了乔·吉拉德的产品。

可见，销售人员付出真诚，让客户感受到你的关心，就能赢得客户。所以，任何一位不愿意失去成交机会的销售人员都要拥有一颗爱人之心，努力营造彼此友善相处的良好沟通氛围，这样才会在销售中战无不胜。

爱是这个世界所有人都无法拒绝的。销售人员在事业的拓展中，对待客户要有爱心，也许客户会拒绝你的产品，但不会拒绝你的爱心和关心。人们常说："爱心有多大，事业就可以做多大。"所以说，销售人员必须是充满爱心的人，你要爱你的产品、爱你的客户，这样你才能得到客户的回报。对客户和周围事情冷漠、无动于衷的人，是当不了销售人员的。人人都需要关心，如果你还没有开始关心客户，那么就从现在开始吧，因为关心永不言迟。

## 你给"面子"，他给钱

在销售工作中，让客户感到自己很重要，既是对客户的尊重，也会使销售员得到客户的青睐，顺利购买销售员的产品。

因为，销售毕竟是一种人际交往，是销售员与客户结识并建立关系的过程，只有建立起良好的关系，才会增进彼此之间的感情，使客户心甘情愿地购买你的产品。

所以销售员与客户之间不仅是简单的买卖关系，更重要的是一种感情的交流。

有调查表明：有15%的客户是因为"其他公司有更好的产品"，另有15%的客户是因为发现"还有其他比较便宜的产品"，但是70%的客户并不是产品因素而转向竞争者。其中20%的客户是因为"不被销售人员尊重和重视"。

尊重客户不是一句口号，而是一种行动！你真正地最大限度地尊重了客户，你就能影响客户！

一般的销售员说服客户，而销售高手做尊重客户的事。销售高手在与客户沟通时，特别关注客户的心态与感觉，并让客户感受到沟通的愉悦。

怀特是一家汽车公司的销售员。有一次，他上门推销，问男主人做什么工作，男主人回答说："我在一家螺丝机械厂上班。"

"别开玩笑了！那您每天都做些什么工作呢？"怀特以为客户在开玩笑。

男主人认真地回答："造螺丝钉。"

这时怀特表现出极大的热情和兴趣："真的吗？我还从来没有见过怎么造螺丝钉。哪一天方便的话，我真想到你们工厂去看看，可以吗？"

怀特这样说的目的当然是为了让客户知道自己很重视他的工作。

或许之前，从来没有人怀着浓厚的兴趣问过他这些问题。男主人听了怀特的话，从心里油然升起一股感激之情，想到自己就要被调到市郊去上班了，真的需要一辆汽车，于是当场就和怀特签下了购车合同。

等到有一天，怀特特意去工厂拜访他的时候，看得出他真的是喜出望外。

他把怀特介绍给年轻的工友们，并且自豪地说："我就是从这位先生那里买的汽车。"怀特趁机给每人一张名片，正是通过这种策略，怀特获得了更多的生意。

其实，尊重、重视客户早就是销售行业的共识，很多商家都把"宾至如归，客户至上""客户就是上帝""客户永远是对的"奉为宗旨，销售员应该以友好的态度，努力为客户提供最优质、最贴心的服务，让客户体验到"上帝"的感觉。

如果销售员总是想把客户踩在脚下，使劲儿地剥削他们的钱财，这样必然会失去所有的客户，最终走向失败。

所以，销售员应该尊重每一位客户，不管对方的身份、地位、职业如何，都应该让他们感觉良好。

客户产生良好感觉或感到自信的同时，自然会对你产生好感，进而对你的产品产生好感并乐于和你做生意。

只有你对别人表示出尊重和肯定，才能换回对方的积极回应。只有把客户放在心上的销售人员，客户才会把他放在心上。"让客户觉得自己是重要的"是打动客户内心的一个重要原则，这就需要销售人员从细微处给予最真挚的接纳、关心、容忍、理解和欣赏。

有一位销售员约好到客户家里推销厨具，但是刚好碰到客户家里正在装修。

当销售员到来的时候，客户的家里还没有收拾完毕，屋子里很乱，客户迟疑了一下还是请他进屋了。

销售员看出客户有些不高兴。于是便小心翼翼地找话题说："您的居室好大啊？装修得真不错，既大气又时尚。"

客户听他说起装修，正好是想说的话题，于是开始发牢骚，说装修工程不顺利，很多材料都不中意，而且进度太慢，已经忙了一个多月还没有完工。销售员表示理解，并说了些安慰的话。

这时候销售员发现客户由于忙里忙外，只是穿了一双拖鞋，而此时客厅是比较冷的，刚才干活不觉得，而停下来的话就很容易着凉。

于是销售人员便巧妙地提醒客户说："装修房子的确是个

累人的事情，但是也不要忘记照顾自己的双脚，我建议您应该先'装修'一下它们，免得受冻向主人抗议。"

客户其实也觉得有点凉，但是不好意思说，而此时销售员注意到并温馨地提示自己，使客户的心里一热，于是他会意地笑了，说："那真是不好意思，我先失陪一下。"销售员点点头说："没关系，您请便。"

等到客户回到客厅，坐在销售员对面的时候，销售员及时地说："把它们包装好了，我就觉得安心了。我可不希望我的客户生病不舒服。"客户顿时感到内心一股暖流穿过。

在接下来的交谈中，气氛很是轻松，最后客户决定购买他的全套厨具。临走时，客户真诚地对销售员说："我会很珍惜像你这样好的销售员的。"

每个人都有遇到困难、感到烦恼的时候，而此时也是最需要别人关心的时候，不管是亲人、朋友还是陌生人，也许只要一句简单的安慰或者问候就可以给他莫大的温暖和鼓励。

学会关心、帮助别人，这样当你需要关心和帮助的时候，就会有很多的人向你伸出援助之手。

不管这个人是你的亲人、朋友还是陌生人，当他们需要帮助的时候，如果销售员可以慷慨地献出自己的真心和爱心，说不定哪天他们就会成为你最忠实的客户。

对他人表现出诚恳的关心，不仅可以帮你赢得朋友，也令你的客户对你和你的产品报以忠诚。

## SALE! **销售圣经：不该说的话就不说**

经常看到在销售中，往往因一句话而毁了一笔业务的现象，如果能避免失言，销售人员的业绩肯定会百尺竿头，更进一步。也许有人认为不说实话是虚伪，但有时候实话不实说并不是虚伪。

话是说给他人听的，销售人员的话可以使客户心情舒畅，也可以使客户情绪一落千丈，使客户心情舒畅，于己于人都有好处，销售人员何乐而不为呢？

小娟是一名服装售货员。一天，一位穿着一件旧外套的顾客走进了店门。看着他身上的破旧外套，小娟就想卖给他一件新外套。

小娟心里在想："这人怎么还穿这种破衣服？这还是好几年以前流行的款式，他居然穿了这么多年，这衣服早该当抹布用了。"当然，小娟心里可以这样想，但嘴上却不能这样说，如果实话实说，那肯定会离销售成功越来越远。

在通常情况下，销售人员在与客户沟通时，不能说以下几种话。

### 1. 直接批评客户

这是许多销售人员的通病，尤其是刚从事销售这一行的，有时讲话不经过大脑，脱口而出伤了客户，自己还不觉得。虽然销售人员是无心去批评指责，但客户听起来，感觉就不太舒服了。

人人都喜欢听好话，人人都希望得到别人的肯定，否则又怎么会有"赞美与鼓励让白痴变天才，批评与抱怨让天才变白痴"

这句话呢。在这个世界上，没有谁愿意受人批评。销售人员每天都要与人打交道，赞美的话语应多说，但也要注意适量；否则会让人有种虚伪造作、缺乏真诚之感。

### 2. 攻击性语言

人们可以经常看到这样的场面，同行业里的销售人员用带有攻击色彩的话语攻击竞争对手，甚至有的销售人员把对手说得一钱不值，致使整个行业形象在人们心目中受到损害。

多数的销售人员在说出这些攻击性语言时，缺乏理性思考，殊不知，无论是对人、对事的攻击词句，都会造成客户的反感。因此，作为销售人员应尽量杜绝攻击性语言，最好是做到闭口不谈，对销售会有好处的。

### 3. 个人隐私

与客户打交道，关键是要把握客户的需求，而不是一张口就大谈特谈隐私问题，这也是销售人员常犯的一个错误。

有些销售人员可能会说，"我说我自己的隐私问题，这样总可以吧。"

就算只谈自己的隐私问题，不去谈论客户，试问销售人员推心置腹地向客户把自己的婚姻、性生活、财务等情况和盘托出，能对销售产生实质性的帮助吗？

### 4. 不雅之言

每个人都希望与有涵养、有层次的人在一起；相反，不愿与那些满嘴粗语的人交往。同样，在销售中，不雅之言，必将对产品销售带来负面影响。

例如，在销售寿险时，最好回避"死亡""没命了"此类的话语。不雅之言，对于个人形象会大打折扣，它也是销售过程中必须避免的话语。

实话不实说并不是要销售人员不讲实话、以次充好去欺骗客户，对于产品的优缺点销售人员必须实话实说。

# 第八章 善于提问：
## 99%的人都把产品卖点讲错了

　　选对池塘钓大鱼，问对问题赚大钱。在和客户沟通中，让客户说得越多，销售人员了解对方真正意图的机会就越多。所谓知彼知己，百战百胜。当你掌握对方的情况，远比对方知道你的情况还要多，你自然就把握住了先机。

　　怎样样才能让客户说得更多呢？秘诀就是——提问！

## 没有提问就没有成交

　　在销售中，只有懂得巧妙地提出问题，才能够把和客户之间的谈话导向自己所希望的那种结果。因为说服的艺术并不在于你来我往地各抒己见，而是隐藏于一问一答的过程之中！提出相应的问题，可以引导你的谈话对象仔细地思考，然后再说出他的意见与看法。

　　销售人员不必太在意自己是否得理，所应该秉持的原则是与客户共同寻求解决问题的答案。通过提问，销售人员可以得到很多意想不到的收获。

销售高手刻意设计的问题可以使谈话有转换方向的机会，以便找出客户的兴趣所在（包括他的希望或烦恼等）；用提问题的方式，销售人员可以将客户的注意力引到对自己有利的重要事项上来；通过询问，可以了解到客户的反对意见，并可设法进行消除；通过提问题，可以拉回已失去的谈话动机或主题。

比如，销售人员可以通过以下方式对客户进行询问："……就是说，是否……"（话锋一转，向客户提出一个关键性的问题，以便引导他进一步表示意见或发言）"……你的问题是不是就在这里？"（迫使客户下结论，或者使他重新考虑）

销售人员通过询问使自己的想法变成客户的想法，再进一步提出问题，从而使客户转变原来的立场，并同意自己的观点。

销售人员巧妙发问，可以逐步引导客户作出购买的决定，甚至建立起真正的友谊。

巧妙提问不仅可以得到好处，而且也是非常必要的，它是推销的一种必不可少的手段。

提问是推销沟通中经常运用的语言表达方法，通过巧妙而适当的提问，销售人员可以摸清对方的需要，把握对方的心理状态，透视对方的动机和意向，启发对方思考，鼓励和引导对方讲话；可以准确地表达自己的思想，传递信息，说明感受、疑惑、顾虑、希望等；可以在出现冷场或僵局时，打破沟通中的沉默，如："我们换个话题好吗？"

可见，提问是推进和促成交易的有效工具，它决定着谈话、辩论或论证的方向。

客户的异议有可能是多方面的，他并不能立即明白地说出他的疑问。这时销售人员应正确地采用提问的方法，找到症结所在，然后再对症下药。

## 🔘 销售提问的 10 种方式

在向客户推销产品的过程中，销售人员一定要确保客户对所讲解的内容清楚、明了，否则会造成不必要的误解。这就要求销售人员要善于运用提问的技巧，通过不断地向客户提问，了解客户真实的需求，确保客户清楚你所讲的内容。

1. 主动式提问

主动式提问是指销售人员通过自己的判断将自己想要表达的主要意思用提问的方式说出来。在一般情况下，对这些问题客户都会给予一个明确的答复。

有一家洗发水公司的推销员问："现在的洗发水不但要洗得干净，而且还要有一定的护发功能才行，是吧？"客户回答："是的。"推销员又问："为了能够护发养发就要合理地利用各种天然药物的作用，在洗发的同时做到护发养发，这种具有多种功能的洗发水您愿意用吗？"客户："愿意。"

当然，销售人员接着就可以问他想要知道的问题："这种含有药物的洗发水含有一种淡淡的药物香味，你喜欢吗？"如果客户说他不太喜欢，那么"症结"就已经找到了。

2. 反射性提问

反射性提问也称重复性提问，是以问话的形式重复客户的语言或观点的提问方式。例如："你是说你对我们所提供的服务不太满意？""你的意思是，由于机器出了问题，给你们造成了很大的损失，是吗？""也就是说，先付50%，另外50%货款要等验货后再付，对吗？"

这类问题的好处在于：

第一，它具有检验的作用，即能够用来检验销售人员是否真正理解了客户的观点。如果理解有误，客户就会当场指出。

第二，它鼓励客户以合乎逻辑的方式继续表明观点。

第三，它还可以使销售人员对客户的言谈作出适当的反应，可以避免直接向对方表示肯定或否定。

第四，它还可以用来减弱客户的气愤、厌烦等情绪化行为。销售人员以问话形式重复顾客的抱怨，让客户感到他们的意见已受到重视，其抵触性情绪也就会减弱。

3. 指向性提问

这种提问方式通常是以谁、什么、何处、为什么等为疑问词，主要用来向客户了解一些基本事实和情况，为后面的说服工作寻找突破口。如："你们目前在哪里购买零部件？""谁在使用复印机？""你们的利润制度是怎样的？"

这类问题的提问目的十分清楚，也比较容易作出回答。通常用来了解一些简单的、宜于公开的信息，不适用来了解个人情况及较深层次的信息。需要注意的是，在使用这类问题时要表现出对客户的关心，语气不可太生硬。

4. 评价性提问

评价性提问可用来向客户了解对某一问题的看法，而且这类问题一般都用没有固定答案的提问方式。如："你觉得小型轿车怎么样？""你认为租与买哪个更合算？""要是增加一些零件存货会怎么样？"

评价性提问通常用于指向性问题之后，用来进一步挖掘相关的信息。在很多情况下，客户很可能不愿意对某个问题发表意见。这时，销售人员就应该使用间接评价性的问题。

间接评价性问题要求客户对第三者的观点作出评价。如："有报道说，××牌电梯在消费者中信誉很高，你认为它在客户中受欢迎吗？"

5. 细节性提问

这类提问的作用是为了促使客户进一步表明观点、说明情况。但与其他提问方式不同的是，细节性问题直接向客户提出请求，请其说明细节性问题。如："请你举例说明你的想法？""请告诉我更详细的情况，好吗？"

6. 损害性提问

这种类型的提问，其目的是要求客户说出目前所使用的产品存在哪些问题，最后再说服客户来使用你的产品。例如，一位复印机推销员问潜在客户："听说你们现在使用的这种复印机复印效果不太好，字迹常常模糊，是吗？"显然，这类问题极具攻击性，如果使用不当，也会引起客户的反感。所以，在提出这类问题的时候，一定要注意用词和语气的委婉，并要考虑客户的承受能力。

7. 结论性提问

这种提问是根据客户的观点或存在的问题，推导出相应的结论或指出问题的后果，诱发出客户对产品的需求。这类提问通常使用在评价性问题和损害性问题之后。例如，复印机推销员在客户对损害性问题肯定之后，可以接着使用结论性问题："用这样的复印机复印广告宣传材料，会不会影响宣传效果？"

8. 选择式提问

销售人员应该将产品可能引起的异议进行分类，让客户自己从中选择一个或几个。例如，推销员可以问客户："你好，我们的产品有哪些问题让您觉得不太符合你的需要呢？是样式、体积、重量还是口味……"

9. 建议式提问

销售人员应该主动对客户提出购买相关产品可以获得的相关利益，并给出一些良好的建议，以刺激客户的购买欲望。比如，童车推销员就可以这样问他的顾客："请问您买这辆小车是给几个月的婴儿睡觉用还是给一两岁的婴儿坐着用？"或是问："您买这辆车是愿意让小孩骑三轮稳定些，还是要让他练习一下骑两轮单车的技巧？"短短的一个问题既赢得了客户的信任和认同，又巧妙地说出了该产品的多种功用，从而给客户留下了良好而又深刻的印象。

10. 请教式提问

一家大公司的推销员到一所学校里去推销计算机，他问学校教师："现在学校都搞现代化教学，都配备了计算机，是吗？"教师回答："是的。"接着推销员就可以顺理成章地推销他的计算机了。

##  做好提问的准备工作

在与客户面谈之前，销售人员应该做好充分的准备，其中准备向客户提出的问题是其重要一环。为了使交易继续下去，销售人员应仔细考虑制订出一个周密的计划。

事实上，销售人员不需要准备很多的问题。正如美国广播公司的播音员和采访专家特德·考培尔说："在大部分时间里，如果你开始幽默地向人们提出一个问题，结束时他们会告诉你非常有趣的东西。"

随着会谈的进展，销售人员的问题应集中于确定客户的真实需求、目前的问题或损失、购买你的产品后他将获得什么。在这个交易阶段，重要的是尽可能让顾客深入地思考。

在进入建议阶段时，更应多提出问题让客户考虑并说出他目前行动的结果和你的想法的效用。没人比客户自己更了解他对所期待结果的观点和概念。

关键的推销战略是让客户用自己的话把他的想法给你解释一下。当然，提出错误的问题会使客户停止交谈。这就出现了一个问题：该问什么样的问题呢？

在销售沟通中，向客户提出什么问题，主要在于提问者的目的。毫无目的的提问在沟通中是毫无意义的。因此，在提出问题时要注意：

第一，提出的问题要能引起对方的注意，并能诱导对方的思考方向。而要引起对方的注意，所提出的问题必须有一定的分量；要诱导对方的思考方向，所提出的问题必须要有一定的计划性。

第二，提出的问题要能获得自己所需要的信息与反馈，即问什么，一定要有针对性，并做到具体明确，这样才可能得到对方明确的回答。同时，在措辞上一定要慎重，不能刺伤对方、为难对方，也不要引起对方的焦虑与担心。

第三，要更好地发挥提问的作用，提问之前的思考、准备是十分必要的。诸如："我要问什么？对方会有什么反应？能否达到我的目的？"

此外，为了让所提的问题能在对方心中留下印象，它应该满足以下几个条件：

（1）想从这问题里得到什么样的信息？

（2）提出这个问题之后，能否因此判断这位准客户的资格？

（3）要得到所需的信息，必须提出一个以上的问题吗？

（4）所提出的问题能不能让准客户思考？

（5）所提的问题能不能把销售人员与其他竞争者区分开？

通过有效的提问，能够引起客户的注意，从而也能让销售人员的产品在对方心中留下强烈的印象。总之，方法多种多样，要灵活运用。

## 提问时的注意事项

在与客户的沟通中，一个好的提问有可能会促成一笔交易的达成。同样，一个不当的提问也很可能会葬送一笔即将要成交的买卖。因此，在向客户提出问题时，销售人员必须要慎之又慎。

1. 选择好提问的时机

销售人员在向客户提问时，一定要注意把握好时机，做到审时度势地去提问，这样才能够比较容易地引起对方的注意，保持客户对沟通的兴趣。具体来说，对提问时机的把握，要注意以下几个方面的要点。

（1）即使你急着想要提出问题，也应该等对方充分表达之后再提问。过早或过晚提问，都会打断对方的思路，而且显得不礼貌，也影响对方回答问题的兴趣。

（2）在对方还没有答复完毕以前，不要提出你的第二个问题。

（3）与谈判无关的一些问题，最好在谈判前、谈判后或中间休息时提出。

（4）要想控制谈话的方向，可以连续发问，但每次提出的问题要单一而明确，所提出的问题，前后要有连续性、逻辑性。

（5）提问时要注意对方的情绪。当对方情绪高涨时，可以抓紧时间多问，问深些；反之，则尽量少问，所提问题亦不能太深。

2. 避免一些不当的提问法

一个不当的问题，对沟通效果的影响也许将是不可挽回的，所以销售人员要特别注意以下几个问题。

（1）不要直接提那些对方不可能回答的问题。杜绝使用讽刺性、盘问式、审问式的发问。

（2）不要有意使对方难堪，不能提出带有敌意或威胁性的问题，更不能提出指责性的问题。

（3）按平常的语速发问。太急速的发问容易使对方认为你是不耐烦或持审问态度；太缓慢的发问，容易使对方感到沉闷，无时间观念。

（4）提问时态度要谦虚，语气要和蔼，面部表情、手势动作、身体姿态等要同步配合。

（5）由广泛性的问题入手再移向专门性的问题将有助于缩短沟通的时间。

（6）对手欲回避的问题，既不要放过，也不要死缠烂打，更不要冒犯对方的忌讳，可以细心体会对方的某些暗示。所谓"说话听音，锣鼓听声"。

（7）提出敏感性问题时，应该说明一下发问的原因，以示对人的尊重，同时也可避免造成麻烦和窘境。

（8）所有的问题都必须围绕一个中心议题，并且尽量根据前一个问题的答复设计问句。

（9）提问方式，必须与问话对象相适宜。对方坦率耿直，提问就要简洁；对方爱挑剔、善抬扛，提问就要周密；对方急躁，提问就要委婉；对方严肃，提问就要认真；对方活泼，提问可幽默。

## 🔴 多做积极有效的提问

在与客户沟通的过程中，销售人员应该多提一些内容积极、肯定的问题，以增强客户对产品的信心，并促使他们下决心购买。

1. 进行积极的发问

这种问法的目的是主动引导顾客，获得对方的肯定回答，并诱导顾客作出决定。

问："那么，你同意获得利润最重要的是靠经营管理有方了？"

答："对。"

问："专家的建议是否也有助于获得利润呢？"

答："那是毫无疑问的。"

问："过去我们的建议对你们有帮助吗？"

答："有帮助。"

问："考虑到目前的生产情况，技术改革是否有利于生产一些畅销商品呢？"

答："应该说是有利的。"

问："如果把产品的最后加工再做得精细一点，那是否有利于你们在市场上销售呢？"

答："是的。"

问："如果在适当的时间，以合理的价格推销质量好的产品，你们公司是不是会得到更多的订单？"

答："会的。"

问："如果你们按照我们的方法进行试验，并且对试验结果感到满意，你们是不是下一步就准备采用我们的方法？"

答："对。"

问："那么我们现在可以先签个协议吗？"

答："可以。"

由此可以看出，销售人员只有不断地通过积极的发问去促使客户多说"是"，才能抓住时机，步步深入，引导客户作出一个又一个的购买决定。

2. 积极建议式的提问

销售人员应该多采用建议式的提问，使客户跟着你的思路走。如：

"还有什么需要我来完成的吗？事实上，你只需在这里签个字，这张保单从明晨零点起就开始生效了。"

"你看保险费是年付还是季付？"

"相信您一定非常清楚这张保单的保障功能吧？"

"这张保单应该很适合你吧？"

在交谈中，应避免用下面的方式："你看怎么办？""您是不是盖个章或签个字？"

3. 积极询问客户的要求

销售人员应不断询问客户，了解其要求，随时为其解决问题。

问："您喜欢两个门的还是四个门的？"

答："哦，我喜欢四个门的。"

问："您喜欢这三种颜色中的哪一种呢？"

答："我喜欢黄色的。"

问："要带调幅式的还是调频式的收音机？"

答："还是调幅式的好。"

问："您要车底部涂防锈层吗？"

答："当然。"

问："要染色的玻璃吗？"

答："那倒不一定。"

问："车胎要白圈吗？"

答："不，谢谢。"

问："我们最晚在5月8日交货可以吗？"

答："可以。"

在引导客户作出了一系列小决定之后，这位推销员递过来订单，轻松地说："好吧，先生，请在这签字，现在您的车子可以投入生产了。"

在这里，销售人员所问的一切问题都假定了对方已经决定买了，只是尚未定下来买什么样的而已。

## ✦SALE! 销售圣经：销售实战中的提问技巧

一个好的提问能够在很大程度上改变一场交易，那些具有一流水准的销售人员往往是提问的高手，他们在推销实战中总是特别注意提问的技巧。

1. 提问要有阶段性

应该把问题分布在沟通中的不同时段上，避免连续性的提问。因为，当销售人员接二连三地提出问题时，客户可能会感到很不舒服。这样的话，他们会觉得不是在参与交谈，而是在接受审问。有的客户甚至会因此而产生抵触情绪，故意不回答问题。

如果能够适当地把你的问题分割开来，就可以使客户有充裕的时间来作出回答，从而做到在轻松的气氛中参与交谈。分割问题的主要方法是要进行有计划的提问，不打断客户的回答。总之，要让客户感到：他们是自愿提供信息的，而不是被迫泄露的。

2. 提出的问题要客观

销售中的提问，主要目的应该是了解客户的真实想法，而不是诱使客户作出某种承诺或强迫他们接受销售人员的观点。举例来说，如果提出的问题只有一个可能的答案，而这个答案又明显有利于销售人员，那么，这个问题就不具备客观性。

例如："为什么你认为这是一个优秀的产品？"或者"你认为我们的产品在哪些方面胜过你正在使用的产品？"这样的问题试图鼓励对方作出肯定回答，没有否定答案，还具有明显的主观倾向，很容易引起客户的反感。退一步讲，即使得到了想要的答案，那么销售人员也不能把握客户的真实想法。

3. 多做开放性的提问

开放式的提问技巧是指发问者提出一个问题后，回答者围绕这个问题要告诉发问者许多信息，不能简单以"是"或者"不是"来回答发问者的问题。

这类提问的目的是为了鼓励客户作出较深入、较详尽的回答。如果销售人员提出的问题只有"是"或"否"这样简单的答案，那么，这样的提问就是不恰当的。因为它无法使客户发出更多的信息，也很难使客户真正参与到交谈中来。

如："你是否听说过我们公司？"这个问题的答案只有"是"与"不是"，而"有关我们公司，你了解哪些情况呢？"这个问题就要好得多。

销售人员要想从客户那里获得较多信息，就需要采取开放式问法。使客户对你的问题有所思考，然后告诉你相关的信息。

提出开放性的问题，并且耐心地等待，在客户说话之前不要插话，或者鼓励他们大胆地告诉你有关信息，收效会很明显。客户对于开放式的问法也是乐于接受的。他们能认真思考你的问题，告诉你一些有价值的信息。甚至还会对你的销售工作提出一些建议，这将有利于你更好地进行销售工作。

4.适当采用封闭式的提问

封闭式问法是指回答者在回答问题时，用"是"或是"不是"就能使发问者了解其看法。

销售人员以封闭式问法可以控制谈话的主动权。如果销售人员提出的问题都使客户以"是"或者"不是"来回答，销售人员就可以控制谈话的主题，将主题转移到和推销产品有关的范围里来，而不至于把话题扯远，同时，销售人员为了节约时间，使客户作出简短而直截了当的回答，也可以采用封闭式问法。

一般说来，在进行销售工作时，不宜采用封闭式问法。采用封闭式问法虽然有助于掌握谈话的主动权，但是并不能够了解客户是否对谈话的主题感兴趣，因而也就不可能从客户那里得到更多的信息。

如果确定已经了解客户的需要以及他的兴趣，那么就可以采用封闭式问法获得直截了当的答案，提高推销效率。

开放式问法与封闭式问法得到的回答截然不同。封闭式问法的回答很简单，而开放式问法的回答所包含的信息量多，它的回答也常常出乎提问者的意料。

5. 进行明确的提问

要使所提问题容易被客户理解和回答，避免提出过于复杂与冗长的问题。

有些销售人员把几个问题糅合在一起，使提问复杂化。例如，"请问你们多长时间订货一次并全部销售出去？"这个问题就很难让客户作出合理的回答。因为他们不明白你究竟是在问多长时间订一次货呢？还是在问一次所订的货物多长时间能够全部售完呢？

另外，还有些销售人员把问题拉得很长。例如，"有这么多复杂的报告要准备和翻阅，你很难确定什么时候去展销会看我们的样品和技术资料吧？"这么繁琐的问句，很容易让客户感到厌烦，他们也很难集中精力去仔细听清这类问题。所以，提问应做到尽量简单、明确，不拖泥带水。

6. 证明式提问的技巧

有时客户可能会不假思索地拒绝销售人员的产品，所以，作为销售人员就应事先考虑到这种情况并相应提出某些问题，促使客户作出相反的回答。如："你们的冷却系统是全自动的吗？""您公司的仓库很大吗？"当客户对这些问题作出否定回答时，就等于承认自己有某些需求，而这种需求亟待销售人员来帮助解决。

# 第九章　听客户说：
## 会做不如会说，会说不如会听

　　有时候，在客户面前认真倾听比一味地说，效果要好得多。耐心地倾听客户的谈话，会给客户留下良好的印象。在客户说完之前，切勿打断他们的谈话。要给客户充分的发言时间，这样才能使得客户感觉自己受到了尊重，自豪感也就油然而生，进而会更加信任、更有好感。

### 🔘 倾听是一种无言的赞美

　　对销售人员来说，善于倾听是一项必备的基本素质，是一种行之有效的销售技巧。

　　它的作用主要表现为：倾听可以让客户有效地释放压力，排除内心的苦闷；倾听对于客户来说不仅仅是一种礼貌，更是一种尊重；倾听会让自己成为一个受欢迎的人，更易于赢得客户的欣赏；倾听可以帮助你化干戈为玉帛，有效地化解双方的分歧与矛盾；倾听可以让你真正了解客户的想法，从而把握沟通中的主动权。

有这样一段对话：

销售人员：×××先生，通过观察贵厂的情况，我发现你们自己维修花的钱比雇佣我们干还要多，是这样的吧？

客户：我也认为我们自己干是不太划算，我承认你们的维修服务不错，但是毕竟你们缺乏电子方面的……

销售人员：对不起，请允许我插一句……不过有一点我想说明一下，任何人都不是天才，修理汽车需要特殊的设备和材料，例如，真空泵、钻孔机、曲轴……

客户：是的，不过，你误解了我们的意思，我想说的是……

销售人员：我明白您的意思，就算您的员工绝顶聪明，也不能在没有专用设备的条件下干出有水平的活来……

客户：现在等一下，×××先生，只等1分钟，让我只说一句话，如果你认为……

在这段对话中，销售人员几次三番打断客户的述说，这是销售中的一大忌。如果采用上述这种对话方式，销售成功是根本没有希望的。

英国克兰菲尔博管理学院的麦克唐纳博士在他编撰的《神奇销售术》一书中，发表这样的看法："让客户充分表达他的异议，即使你知道他下一句要说什么，也不要试图打断他。对客户要有礼貌，要认真倾听他所说的，尽力作出反应，给予巧妙而非狡诈、装腔作势的回答。没有一个客户会喜欢自作聪明的销售人员，除非销售人员表现出对客户及其问题有兴趣，否则他永远不会赢得客户的信任。"

真正有效的倾听，不仅仅是耳朵的简单使用，而且是和嘴巴、大脑的有效配合。尤其是嘴巴，因为许多人一直认为当别人说话时，闭起嘴巴才是有礼貌的表现。

倾听的要旨是对某人所说的话"表示有兴趣"。如果发言者谈论的内容确实无聊且讲话速度又慢，你可以转变自己的想法，所谓"三人行，必有我师焉"，设想倾听这场谈话或多或少都可使自己获益，那么在倾听别人谈话时就会自然流露出敬意，这也是有礼貌的表现。

某位职业经理人被一家大公司聘用担任销售经理。但是，他对公司具体的销售品牌和销售业务却是一窍不通。当销售人员到他那里去汇报工作并征求建议时，他什么答复都无法提供，因为他自己一无所知！

然而，这个人却是一个懂得如何倾听的高手。

当手下的销售人员问他问题，他都会回答："你自己认为应该怎么做呢？"

那些人自然就会说出他们的想法和解决方案，他接着就点头表示同意，然后他们就满意地离开了。

他们都认为他是一个优秀的销售经理。

倾听是一门艺术。倾听的技巧就是在与对方谈话时聚精会神、全神贯注地聆听。

当某个人到你的办公室来和你谈话时，你绝对不能允许任何事情分散注意力。

如果你是在一个喧哗嘈杂的房间里和人谈话，你应当想方设法地让对方感觉到你们是仅有的在场的两个人。

在交谈中，你的双眼应看着对方。尼克深深地记得被冒犯的一次亲身经历：尼克和他的销售经理正在共进晚餐，每次那位漂亮的女招待经过他身边时，销售经理的视线就会一直追随着她，直到看不见为止。

尼克当时感到自己受到了莫大的侮辱，并愤愤不平地想道："那位女招待的腿显然要比自己说的话对他更重要。他一点都没有认真听我讲话，他完全漠视了我的存在！"为了清楚地听到对方的谈话，聚精会神、集中注意力是必要的，因为如果你的精力不集中，你就会心不在焉。

运用认真倾听法时，销售人员可以在适当的时候，以恰当的方式提出异议。

要记住：千万不要打断客户的话，这是处理客户的购买异议、帮助客户更清楚地陈述自己的意见，以便解答对方异议时，首先要牢记的第一件事。

专心地听，努力地听，甚至是聚精会神地听，客户一定会有被尊重的感觉，因而可以拉近彼此之间的距离。

有一位汽车销售人员，经朋友介绍去拜访一位曾经买过他们公司汽车的客户。

一见面，汽车销售人员照例先递上名片说："我是某某汽车销售人员，我姓……"才说几个字，他就被客户以十分严厉的口吻打断，并开始抱怨当初他买车时种种不悦的过程，其中包含了报价不实、内装及配备不对、交车等待过久、服务态度不佳……

讲了一大堆，结果这位销售人员被他吓得一句话也不敢说，只是静静地在一旁认真地倾听。

终于，等到他把之前所有的怨气一股脑儿说完，稍微喘息一下时，才发觉这个销售人员好像以前没见过，于是便有一点不好意思地回过头来对他说："年轻人，你贵姓呀，现在有没有好一点的汽车，拿份目录来看看吧！"

30分钟过后，这个销售人员欢天喜地地吹着口哨离开，因为他手上握着两辆汽车的订单。

在这个成功的案例中，销售人员从头到尾恐怕讲了不到10句话，但是他却成功地完成了交易。原因就在于客户认为销售人员老实又很尊重自己，才买的车。

由此可见，倾听也是说的一部分，而且是相当重要的一部分。夸夸其谈的人不一定就是会说话的人，惜字如金也不一定就拙于言辞，关键是要会倾听，必要的时候，闭起嘴巴，只需竖起耳朵，反倒能把话"说"圆满。这就是说与听的辩证法。

## 🔘 倾听顾客的需求和心声

多听少说的道理大家都知道，但是在生活当中，能够做到"善于倾听"的，真的是少之又少。

交谈中，渴望被倾听的一方往往会因为一些情况不愉快。比如大家都有一肚子话要说，沟通起来是各说各的，都说了很多，但是根本就没说到一起去，反而会因为一些根本就不矛盾的观点争得面红耳赤；你说的口干舌燥，他好像是在认真听你说，然而他一开口，说的全都是跟你刚才讲的风马牛不相及的东西，搞得你一下子很沮丧；对方特别好说，你刚想开口，他就将音调提高几度，搞得你兴致全无。

优秀的服务人员要善于掌握人性的弱点，让顾客畅所欲言，不论顾客的称赞、说明、抱怨、驳斥，还是警告、责难、辱骂，都要仔细倾听，并适当有所反应，以表示关心和重视。

因为顾客所言是"难以磨灭的"，服务人员可以从倾听中了解到顾客的购买需求，又因为顾客尊重对那些能认真听自己讲话的人，愿意去回报。

因此，倾听——用心听顾客的话，不论对导购新手还是老手，都是一句终身受用不尽的忠告。

沟通的时候就需要自己能够尽量站在对方的角度，去思考和揣摩他说的每一句话的意思。

能够做到这样并且能够经常做到这样，就不仅仅需要一些"技术"，而是自己在内心里真正尊重沟通的对象，真正将自己放在与对方平等的地位。

学会并善于倾听其实是很容易的事情，只要你用心，在别人讲话时，给予他人以充分的尊重，那么你也将会得到更多的尊重，与人交流也会变得更加愉快。

作为销售人员，经常会面对各种不同类型的顾客，几乎所有顾客都会对货品有一些不满或抱怨。

遇到这种情况，首先，要有耐心，尽量不要与顾客正面对峙，更不可争吵。面对顾客的生气、抱怨要认真倾听。不要提高嗓门，也不要作负面反应或负面设想。顾客总是认为他们是正确的，需要做的是要让他们认识到是他们自己错了。

若遵循这三点，大多数情况就不会难以解决。其次，与顾客一起找出问题的关键所在。只要顾客有意见，就让他提出来，这是改进服务质量的重要手段。

面对顾客的抱怨或意见时，请把握以下原则："理解顾客，换位思考"。

一位顾客在选购传真机时，抱怨到"哎呀！这东西的价格太高了。"并且怀疑"它真的值那么多吗？我有没有必要非买这么贵的东西？"

促销员巧妙地为顾客算了一笔账，陈列了"费用不高"的理由："您说得不错，现在一下子要拿出一笔钱来的确是一个不小的负担，但是您想想看，这种东西不是用一两年就会坏的，只要您使用方法正确，用上10年也绝对没问题。我们就以5年来算，实际上您1年只需花1 200元，再除以12个月，每月只需要100元；换言之，每天只要3元，这也不过是您每天抽一两支烟的钱，这样算起来不是很便宜吗？而且，它可以给您带来多大的方便呀，这项投资的回报可高呢！"

顾客听了，觉得你说得很有道理，就会决定买下传真机。

有一些倾听抱怨的小经验，供大家参考：

（1）任何时候都应让顾客体会到你的认真态度，并对顾客的抱怨进行调查。

（2）顾客并不总是正确的，但有时为了让顾客冷静下来，"让顾客正确"是有必要的，也是值得的。

（3）一定范围内，顾客的抱怨是难以避免的，但作为营销人员要意识到，这种抱怨并不是对自己的指责。

（4）为了能正确判断顾客的抱怨，营销人员应该站在顾客的立场上来思考问题、看待顾客的抱怨，通常来说，顾客的抱怨是由一些微不足道的原因引起的。

（5）顾客在发怒时，情绪一般是很激动的，这时顾客对销售员流露的不信任、不重视或轻率的态度特别敏感。因此，销售人员应保持冷静的态度。

（6）在你未认识到顾客说的话不真实之前，不要轻易下结论，即使顾客是错的，也不要直接责备顾客，等顾客自己意识到了，问题就可以迎刃而解了。

（7）在处理顾客的无理抱怨时，不管顾客的抱怨是否有道理，都应保持真诚合作的态度。这并不意味着你已接受了顾客的抱怨，而是表示他的抱怨已引起了你的足够重视。即使顾客言语粗鲁，你仍表现出友好的态度，这样可以避免争执。

（8）不要向顾客提出不能或难以兑现的承诺，以免引起进一步的纠纷。

## 领会客户的每一句话

成功的推销人员深知良好的倾听和沟通能力是其取胜的法宝。多数人想当然地认为倾听是一种与生俱来的技能。他们错将听见某人说话当作倾听行为。

通常，他们最多吸收25%的谈话内容。实际上，倾听是有目的的听觉。这是一个相当积极的过程，人们必须专心倾听说话者所说的内容。

　　虽然能言善辩是一位优秀推销员必须具备的重要能力之一，但是，成功的推销员不仅仅是一位口齿伶俐的说客，而且也是一位出色的听众。

　　推销员良好的倾听就是要告诉客户：自己非常专心地倾听他们的说话，而且也完全了解客户所说的意思。最好的办法就是在倾听时尽量不要分心，更不要假意倾听。

　　在必要的时候要对客户表现出同情心。

　　推销员在专心倾听时，可以不时地作些反应性回答，比如"噢，是的""你是对的""我知道你的观点"，或"当然"等。这些用词都是你在倾听时偶尔插话的关键词，这样，客户就会觉得你真的在听他的话，而且相当赞同他的看法。

　　另外一些更加具体的反应性回答包括"这一点对你很重要，不是吗？""我能想象出你当时的感受""我想多了解一些事件的细节"等。

　　要向客户表示你已经了解他们的心情，可以对客户说："我明白你的意思""很多人这么看""很高兴你能提出这个问题""我明白了你为什么这么说"，等等。

　　学会倾听其实是一件很容易的事情，只要销售员用心，在别人讲话时，给予充分的尊重与肯定，那么销售员也将会得到客户更多的尊重，与客户交流也会变得更愉快。尊重客户的需求，才能让销售员赢得发言的权利。

　　每个人都有自己的立场及价值观，因此，销售员必须站在对方的立场，仔细地倾听他所说的每一句话，不要用自己的价值观去指责或评断对方的想法，要想办法引发客户的共鸣。

在倾听时，不仅要听客户的言辞，还要剖析言辞中所蕴涵的真正含义，把握客户的心理，从而洞悉其需要什么、关心什么、担心什么。

只有了解了客户的心理，销售才会更有针对性。不论是客户的称赞、抱怨、驳斥，还是警告、责难，都要仔细地聆听，并适时作出反应，以表示销售员的关心与重视，这样才能赢得客户的好感，进而达成交易。

当客户所说的事情，对销售可能造成不利时，销售员听到后不要立刻反驳，可先请客户针对事情做更详细的解释。

点头或者微笑可以表示销售员赞同客户说的内容，表明销售员与说话人意见相合。客户会体会到被认同的喜悦，这有利于今后的销售。

全神贯注地听，不要边听边做小动作。人们总是把乱写乱画、胡乱摆弄纸张或看手表解释为心不在焉——即使销售员很认真也是如此。在客户说话时，销售员若左顾右盼，不停地看表，翻手头的资料，或做别的小动作，销售员这笔生意估计也要泡汤了。

销售员明明没兴趣的事，就别问这问那。虽然销售员是顺着人家说的事问下来，但问得太深入，反而会让对方失去谈下去的意愿，当然，也就谈不上沟通了。

销售员的肢体语言同样向客户传送着各种信号。要做一个活跃的听众。

如果客户认为销售员不感兴趣，他会中止谈话。销售员要频繁地注视着对方，作记录、坐得笔直、不断点头，以使对方知道销售员听明白了他说的是什么。

销售员对客户所说的话可能和他真正的意思有出入。"我们的计算机系统对于现在的需求来说足够了。"可能会被理解为对新系统没什么兴趣。为了进一步弄清楚，销售员可以问，"这意思是不是说您对现在的系统完全满意了呢？"

这就使该客户有机会说："也不完全是，现在是足够了，但它没有给将来的扩展留下太多的空间。"通过确认销售员是否理解了对方的回答，销售员就会发现客户的需求，并且为下一步的工作创造了机会。

胸怀宽广的销售员能包容客户发泄心中的不满，倾听客户的心声。对于销售员来说是一种难能可贵的品质。

因为只有善于倾听客户心声的销售员才会拉近与客户之间的心理距离，从情感上赢得客户。

倾听是一种极为重要、有效的激励方法，它能促进客户主动对公司作出贡献，使公司获得更高的工作效率。要是销售员不能聆听客户的心声，客户就会因不被重视而失去购买兴趣。

## 用倾听化解客户的抱怨

在销售过程中，推销员常常会遇到一些非常挑剔的客户。这时，推销员该如何应对他们呢？

要知道，即使是这种喜欢挑剔的客户，甚至是那种脾气火暴的客户，也常常会在一个具有忍耐心和同情心的倾听者面前，让态度变得缓和起来。当客户正火冒三丈地倾吐自己的抱怨与不满的时候，倾听者应当保持足够的耐心，而且只是认真地倾听客户的谈话，不要做任何形式反驳，否则只会让客户更加坚持自己的观点，使事情更难以处理。

下面是一个真实的例子。

这是德第蒙德尼龙公司创始人德第蒙德先生亲身经历的一件事，他的公司后来成了世界服装行业最大的毛料供应公司。

一个早上，一位怒气冲冲的客户闯进了德第蒙德先生的办公室，因为德第蒙德尼龙公司信用部接连给他发了好几封催款函，要求他归还拖欠的15美元。尽管他不承认有这笔欠款，但德第蒙德公司查过了，确实是他还未付，所以坚持要他还款。

在收到最后一封催款函之后，这位客户来到了芝加哥，怒气冲冲地闯进德第蒙德先生的办公室。下面就是他们的对话：

德第蒙德："你好，汉尼，你怎么来了？"

客户："太过分了！我不但不会支付那笔钱，而且今后再也不会订购你们公司的任何货物。"

德第蒙德先生见对方的火气很大，于是就没有说话，而是脸露微笑地静听着对方要说什么。

"我和你们做了这么多年的生意，竟然还会欠你们15美元……我可不是一个喜欢赖账不还的人。"

在客户发牢骚的过程中，德第蒙德先生虽然有好几次都想打断对方来做解释，但是他知道那样做并不能解决问题，所以他就干脆让对方尽情地发泄。

当客户最后怒气消尽，能够静下心来听取别人的意见时，德第蒙德先生才开始平静地说："你到芝加哥来告诉我这件事，我应该向你表示感谢。你帮了我一个大忙，因为我们信用部如果让您感到了不愉快的话，那么他们同样也可能会使别的顾客不高兴，那对我们来说可真是太不幸了，一定是我们的工作方式出了问题。所以，你一定要相信我，我比你更想听到这件事。"

对方怎么也没有料到德第蒙德先生会这样说，他可能还会有一点失望，因为他到芝加哥来，本来是想和德第蒙德先生大吵一番的，可是德第蒙德先生却不仅没有和他争吵，反而还向他表示了感谢，这当然大大出乎了他的意料。

德第蒙德先生明白地告诉客户说："我们要勾销那笔15美元的账，并忘掉这件事。因为你是一个很细心的人，而且只是涉及这一份账目；而我们的员工却要负责几千份账目，所以和我们的员工相比，你更不会出错。"

听他这么一说，客户就更不知如何回答德第蒙德先生了。

德第蒙德先生又告诉客户："我十分清楚你的感受，如果我处在你的位置，我也会和你一样的。既然你以后不想再买我们的产品了，我就再给你推荐其他几家公司如何？"

客户感到更不好意思了，就没说什么话。

以前每当这位客户来芝加哥时，德第蒙德先生总是要请他吃饭，所以那天他照例请这位客户吃午餐，客户也勉强答应了。

但是当德第蒙德回到办公室的时候，为了回报德第蒙德先生的宽厚对待，这位客户却订购了比以前多出许多倍的货物，然后平心静气地回去了。

返回后，这位客户又特意检查了一遍他的账单，结果他找到了那张15美元的账单，原来是自己弄错了。

他还为此跑到对方那里大吵大闹，想到这里他的心里感到羞愧不已，而且此时他更感受到了德第蒙德先生的善解人意与宽厚的胸怀。

于是，他立即给德第蒙德公司寄来了一张15美元的支票，并向德第蒙德先生表达了他的歉意。

从此以后，这位客户就成了德第蒙德先生的朋友和忠诚客户，直到他去世。后来，这位客户还给自己的儿子取名叫德第蒙德。

德第蒙德先生给所有的推销员上了非常生动的一课：即使你能肯定客户百分之百是错的，但是一旦客户坚持他们没有错时，那么你就不妨耐心地去倾听，给他们发泄和抱怨的机会，等他们平静下来后，再推心置腹地给予同情和合理的答复。

像德第蒙德先生那样去做，这不但可以消除客户的抱怨，还能赢得客户，使他们最终成为你的忠诚客户。

## 🔘 倾听谈话有法可循

千万不要忘记，那个正在与你谈话的客户，只会对他自己、他的需要、他的问题最感兴趣，这要比对你及你的问题胜过上百倍。

你能否成为优秀推销员，最关键的还是看在实践中的表现。这才真正关系到我们成功与否，所以我们一定要注意以下几个方面的问题。

1. 全神贯注地倾听

这里所指的倾听，不仅仅是用耳朵去听，也包括要用眼睛去观察对方的表情与动作，用心去为对方的话语做设身处地的考虑，用脑去研究对方话语背后的动机。

倾听就是在做到"耳到、眼到、心到、脑到"的前提下，综合地去听。

倾听客户的讲话要集中注意力，细心聆听对方所讲的每个字，注意对方的措辞及表达方式，注意对方的语气、语调、面部表情、眼神动作等，所有这些都能为你提供线索，去发现对方一言一行背后所隐含的内容。

例如：在销售沟通中，我们常常听到这样的说法，"顺便提一下……"说话的人试图给人一种印象，似乎他要说的事情是突然想起来的。

但是，你要明白的是，他要说的事情恰恰可能是非常重要的，先说这么一句，显得漫不经心，其实不过是故作姿态而已。所以，当你发现一个人常用诸如"老实说""说真的""坦率地说""真诚地说"等类似词句的时候，往往就是此人既不坦率，也不诚实的时候，这只不过是一种低劣的掩饰罢了。

2. 抛弃先入为主的观念

只有抛弃那些先入为主的观念，才能耐心地倾听客户的讲话，才能正确理解对方讲话所传递的信息，从而准确地把握对方话语的核心，才能客观和公正地听取、接受对方的疑惑与不满。

3. 控制好自己的言行

在倾听对方时，最难也是最关键的技巧，就是要约束、控制好自己的言行。

通常人们都喜欢听赞扬性的语言，不喜欢听批评、对立性的语言。当听到反对意见时，总会忍不住要马上反驳，似乎只有这样，才能说明自己有理。

还有的人过于喜欢表现自己，这都会导致与对方交流时，过多地讲话，或打断别人的讲话。

这不仅会影响自己的倾听效果，也会影响对方的谈兴和对你的印象。

所以，在与客户的沟通的过程中，一定不要轻易插话打断对方的讲话，也不要自作聪明地妄加评论。

4.尽量创造倾听的机会

要想营造一种较为理想的谈话氛围，并鼓励客户谈下去，再谈下去，作为倾听方，就需要采取一些策略。

第一，要善于鼓励。倾听对方的阐述需要做好相应的准备，否则，倾听时心不在焉，会让对方觉得你根本就没听，从而会让对方感到不愉快，也会觉得你欠缺合作的诚意。

因此，在倾听时一定要给对方造成一种心情愉快、愿意继续讲下去的氛围，其基本技巧之一，就是用微笑、点头、目光等赞赏来表示对客户的呼应，来显示自己对客户谈话的兴趣，从而促使对方继续讲下去。

第二，要善于表示对客户的理解。试想一下，如果在推销谈判中，你侃侃而谈了半天，而对方却一点儿听懂或弄明白了的表示都没有，那么你还有兴致谈下去吗？

所以，不妨设身处地地为对方考虑一下，在推销谈判中，当你充当"倾听者"时，一定要注意以"是""对"等答话来表示自己的肯定。

在对方停顿下来的时候，也可以用简单的话语来指出对方的某些观点与自己一致，或运用自己的经历、经验来说明对讲话者的理解。

有时，还可以适当复述对方所说过的话，这些表示理解的方式都是对讲话者的一种积极呼应。

第三，要善于激励客户讲下去。有时候，适当地运用反驳和沉默，也可以激励客户继续谈下去。

当然，这里所说的反驳并不是指轻易地打断对方的讲话，或随意插话，而是当对方征求你的意见或稍作停顿时，对其进行适度的反驳。

另外，根据具体的谈判情况，你也可以保持适当的沉默，因为沉默有时也不等同于承认或忽视，它可以表示你在思考，是重视对方的意见，也可能是在暗示对方让他们转变话题。

5. 有鉴别地去倾听

有鉴别地去听必须要建立在专心倾听的基础上，因为不用心听，就无法鉴别出客户所传递出来的信息。例如"太贵了"，这几乎是每一位客户的口头禅，言外之意就是"我不想出这个价"，而不是"我没有那么多钱"。

如果不能辨别其背后的真正含义，往往就会错把顾客的借口当作反对意见而加以反驳，从而很容易激怒顾客，同时，也让顾客找到了为自己进行辩护的借口，也就会在无形中增加了推销的阻力。

所以，只有对客户的谈话内容进行恰当的鉴别，才能摸清客户的真实意图，而只有在掌握了顾客真正意图的基础上，才能更有效地调整谈话策略，从而对客户进行更有针对性的说服工作。

6. 不要因急于反驳客户而结束倾听

即使是在已经明了客户真实意图的情况下，也要坚持听完对方的阐述，而不要因为急于纠正客户的观点而打断对方的谈话。

即便是根本不同意客户的观点，也要耐心地听对方讲完。因为，听得越多，就越容易发现客户的真正动机和主要的反对意见，从而有针对性地调整自己下一步的销售策略。

7. 倾听要配合积极的回应

要使自己的倾听获得更好的效果，不仅要用心地听，还应该有一些反馈性的表示，比如点头、欠身、双眼注视顾客，或重复对方所说的一些重要句子，或提出几个对方关心的问题。这样一来，客户就会因为销售人员如此专心地倾听而愿意更多、更深地讲出自己的观点。

### SALE! 销售圣经：成为合格倾听者的技巧

销售人员要想成为一名合格的倾听者，要注意以下几点。

1. 耐心倾听客户的谈话，及时回应客户

作为销售人员，能够耐心倾听客户的谈话，就等于是在告诉客户：你是一个值得我倾听你讲话的人。这样，在无形之中就能让对方感觉受到了重视，从而使双方的感情交流更为融洽，并为最后的成功销售创造一种和谐融洽的气氛。

耐心地倾听必须是全神贯注地听，并辅助以适当的表情、动作或简短的回应语句，这样才能激起客户继续谈话的兴趣。

如果客户在倾诉的过程中，得不到销售人员的回应，就会失去继续谈下去的兴趣，如能得到回应，就表明他的谈话正受到关注，从而有兴趣与你继续沟通和交流，销售人员也就可以获得更多的客户需求信息。

2. 不要轻易打断客户的谈话

倾听实际上是留给客户谈话时间，认真倾听的态度会给客户留下良好的印象。

所以在对方的谈话未完成之前，不要随意打断客户的谈话或插嘴、接话，而且更不能不顾客户的喜好，谈论别的话题。

3. 集中注意力，积极思考

在倾听客户的同时，也要注意积极地思考，既要注意客户的谈话内容又要关注他的谈话方式与语气。这样就不会因为没有足够的分析和思考而草草地对客户的谈话下结论了。

4. 在适当的时机进行适当的提问

认真倾听客户谈话时也需要你在适当的时机进行提问，提问可以表明你是在认真思考客户谈话的内容，从而让他有受到重视的感觉，并能引导客户说出自己的想法和相关信息。

同时，提问还可以让销售人员对客户提供的一些信息进行准确的核实。

5. 注意倾听时的礼节

良好的倾听礼节既可以显得自身有涵养，又能表达出对客户的尊重。例如：身体略向前倾，表情自然；在倾听过程中，保持和客户视线的接触，不东张西望；表示赞同时，点头、微笑等，这些都需要销售人员在实践中不断地学习、积累。

# 第十章 顺利签单：
## 在与客户攻防中达成交易

成交的时机是非常难于把握的，太早了容易引起客户的反感，造成签约失败；太晚了，客户已经失去了购买欲望，之前所有的努力全部付诸东流。

那怎么办呢？有经验的销售人员告诉你，当成交时机到来时，客户会给你一些"信号"，只要你留心观察，就一定可以把握成交时机。

## 📍 从客户身上捕捉成交信号

在销售活动中，成交的时机是非常难以把握的，如果成交时机把握不好，那么之前所有的努力全部付诸东流。如何才能准确地把握这一时机呢？经验告诉我们，当成交时机到来时，客户会发出一些"信号"，只要留心观察，就一定可以把握成交时机。

在销售过程当中，成交时机总是若隐若现，难以把握。一流的销售人员非常清楚，客户购买的时机只有那么一瞬间。其实这种仅此一刻的情形，大约20次销售中才出现1次，另外的19次都会出现许多隐蔽成交契机，所以，成功的关键就是要好好把握这些机会。

心理学上有一个名词叫"心理上的适当瞬间"。在销售工作中这个瞬间，是指客户与销售人员在思想上完全达到一致的时机，即在某个瞬间买卖方的思想是协调一致的，此时是成交的最好时机。

若销售人员不能在这一特定瞬间与客户达成交易，那么成交的希望就会落空，再次成交的希望就变得渺茫。

在销售过程中，对"心理上的适当瞬间"的把握是至关重要的。把握不适当，过早或过晚都会影响交易。

"心理上的适当瞬间"到来，必定伴随着许多有特征的变化与信号，善于警觉与感知他人态度变化的销售人员，应该能及时根据这些变化与信号，来判断"火候"与"时机"。

在一般情况下，客户的购买兴趣是"逐渐高涨"的，且在购买时机成熟时，客户心理活动趋向明朗化，并通过各种方式表露出来，也就是向销售人员发出各种成交的信号。

成交信号是客户通过语言、行动、情感表露出来的购买意图信息。有些是有意表示的，有些则是无意流露的，后者更需要销售人员细心观察。客户成交信号可分为语言信号、表情信号和行为信号三种。

1. 语言信号

当客户有购买打算时，销售人员从其语言中可以得到判定。例如，当客户说："你们有现货吗？"这就是一种有意表现出来的真正感兴趣的迹象，这表明成交的时机已到；客户询问价格时，说明他兴趣极浓，商讨价格时，更说明他实际上已经要购买。

语言信号的种类很多，有表示欣赏的，有表示询问的，也有表示反对意见的。

应当注意的是，反对意见比较复杂，在反对意见中，有些是成交的信号，有些则不是，必须具体情况具体分析，既不能都看成是成交信号，也不能无动于衷。只要销售人员有意捕捉和诱发这些语言信号，就可以顺利促成交易。

2. 表情信号

从客户的面部表情可以辨别其购买意向。眼睛注视、嘴角微翘或点头赞许都与客户心理感受有关，均可以视为成交信号，客户的一举一动，都在表明客户的想法。从明显的行为上，也完全可以判断出客户是急于购买，还是抵制购买。

销售人员及时发现、理解、利用客户表露出来的成交信号，并不十分困难，其中大部分都能靠常识解决，具体做法在于：一要靠细心观察与体验，二要靠销售人员的积极诱导。当成交信号出现时，要及时捕捉，并迅速提出成交。

3. 行为信号

行为信号是那些客户在形体语言上提供的线索。这些信号会告诉销售人员，客户在心里已经作了准备购买的决定。

购买信号是突然的，销售人员一定要细致观察客户的反应，当客户发出购买信号，表现出购买的意愿时，销售人员就要及时作出应对。

## 🔵 掌握成交的四大策略

细致观察客户行为，并根据其变化的趋势，采用相应的策略、技巧加以诱导，在成交阶段十分重要。假设销售人员已经将自己的想法用简单有效的方式表达出来了，而且详细讲述了产品的优点与便利之处，了解了客户对这一想法的接受程度。

在这个过程中，销售人员要始终注意其中的购买信号。有经验的销售人员能感觉到客户什么时候准备购买。

在现实中，许多销售人员往往是说得太多，以至于失去了销售的最好时机。当感觉到客户的友好与购买兴趣时，销售人员的职业习惯很容易错误地以为："客户喜欢听我说的话，如果我告诉他们所有的事情，那么他们就会对我和我的产品印象更深刻。"实际上这是错误的，相反的做法才对。

当客户变得友好、表现出兴趣的时候，实际上是销售人员该停止展示的时候，直接问其是不是想购买。

如果销售人员抓住了购买信号，并且给出合理的对策，那就会缩短销售时间。

因为在合适的时间，即客户心理上准备作出决定的时候，要求客户购买产品，就节省了很多时间。

当然，这样的好处是可以用更短的时间争取更多的销售额，另外也可以有更多的时间去做其他更重要的事情。

成交策略是对成交方法的原则性规定，是销售人员在促进成交的过程中必须遵守的活动准则。为了更有效地促使客户购买，销售人员必须掌握成交的基本策略。

其策略主要有以下几点。

1. 掌握洽谈的主动权

掌握主动权是为了制造成交机会，有效运用成交策略的必要条件之一。

销售人员如果掌握了洽谈的主动权，按照事先所制订的计划开展洽谈，就可以较容易地获得成交的机会，更有效地运用成交策略。

掌握洽谈的主动权，首先，要求销售人员在规划洽谈阶段做好充分的准备，制订一个完善的洽谈计划；其次，运用各种方法引导洽谈按既定的轨道前进；再次，不要把掌握主动权理解为操纵与控制客户。销售人员应当鼓励客户表达自己的观点与要求，然后通过对客户的观点、要求作出恰当的反应来掌握谈话的主动权。

先提供信息，就是向客户介绍产品的特征和利益，或者向客户说明成交条件。后提出问题，则是指就产品或成交条件，询问客户的看法。

当客户的观点与销售人员一致时，可以继续后边的介绍或说明，如果不一致，则要重新讨论，直至双方都能接受。

2. 考虑客户的特点

与销售过程的其他环节一样，促进成交的方法也是因人而异的，并与客户的需求状况、个人特征相适应。只有这样，成交的方法才能发挥最大效力。

对于一些客户来说，直接请求其购买也许是最有效的方法；而对另外一些客户来说，直接请求成交则可能意味着销售人员在施加压力。

对于单位的专职采购人员，只需销售人员简明扼要地说一下产品的特征，就能够确定是否应该购买；而对于没有多少产品知识的客户来说，只有在销售人员详细说明产品的特征之后，才能决定是否购买。

如果销售人员不考虑特定客户的需求状况、个性特征，成交方法的使用就会有很大的盲目性，也就难以取得预期的效果，销售业绩也上不去。

3. 保留成交的余地

保留成交余地，就是要保留一定的退让余地。任何交易的达成都必须经历讨价还价，很少交易是按最初报价成交的，尤其是在买方市场的情况下，几乎所有的交易都是在卖方作出适当让步之后成交的。所以，为了有效地促成交易，销售人员一定要保留适当的退让余地。

比如，一台电脑报价3 850元，当客户说要优惠的时候，不能直接告诉他最低的成交价格，而是在3 850元的基础上适当地降一点，还要补充一句："这是最优惠的价格了，不能再降了。"

4. 诱导客户主动成交

诱导客户主动成交，是指设法使客户主动采取购买行动，这是成交的一项基本策略。如果客户主动提出购买，说明销售人员的销售工作十分奏效，也意味着客户对产品及交易条件非常满意，以至客户认为没有必要再讨价还价，因而成交非常顺利。所以，在销售过程中，销售人员应尽可能诱导客户主动购买产品，这样可以减少成交的阻力。

销售人员要努力使客户觉得成交是自己的意愿，而非强迫。

通常，人都喜欢按照自己的意愿行事。

由于自我意识的作用，对于他人的意见总会下意识地产生"排斥"心理，尽管别人的意见是正确的，也不乐意接受，即使接受了，心里也会感到不畅快。

因此，销售人员在说服客户采取购买行动时，一定要让客户觉得这个决定是他自己的主意。这样，在成交的时候，客户的心情就会十分舒畅而轻松，甚至为自己做了一笔合算的买卖而自豪。

## 利用折扣促成交易

为了促使客户作出购买决定，并使交易成功达成，销售人员通过折扣刺激客户的购买欲望已是现代商品交易中司空见惯的事情。在推销过程中，当与客户的谈判进入了关键阶段时，采用打折策略往往可以取得非常好的效果。

1. 利用折扣促使客户购买

"喂？您好，是丁总吧！"

"是的，你是？"

"我是××俱乐部的小谢，那件事您考虑得怎么样啦！"

"什么事？"

"关于您加入我们俱乐部的事。"

"这个事，我就不参加了，会费太贵了。"

"丁总，您这就言重了。参加咱们俱乐部的都是一些像您一样的高级管理人员，由于超负荷地工作，日积月累容易造成身体严重超支。身体是革命的本钱，适当的休息更有利于工作，您说是吧？"

"没你说得那么严重吧！"

"丁总，是这样，企业的成功是每个管理者的期望。一张一弛，文武之道。忙碌之余放松一下，到俱乐部打打球，锻炼一下身体，还愁没有充足的精力工作吗？同时，也免去您的家人对您身体的担心。比起咱们企业为国家所创的利润，会员卡这点费用算得了什么呢？"

"你还挺会说的。我们企业的效益不好，负担不起你那个什么卡。"

"丁总，您总是和我们年轻人开玩笑。我们俱乐部的会员卡还有您意想不到的优惠呢。"

"你指的是什么呢？"

"持卡人可以在与我们俱乐部合作的全国20家大型宾馆和度假村享受5%~10%的优惠，享受非持卡人所没有的便利。您一算就清楚了，就当您每月少两次应酬，每次应酬800元，1个月下来就节省了将近2 000元，1年下来节省的钱也就不言自明了。我的这笔小学算术，丁总您给个分，算得对吗？"

"你这小姑娘的嘴可真是厉害。"

"丁总，您过奖了。正像您说的，咱们这个卡不便宜，可省下来的钱也不是个小数目。如果您加入的话，我可以在我的能力范围内给您最大的优惠。"

"你别说了，为了你的工作，也为了我的身体，我周末去报名。"

"谢谢丁总的支持，到时我会恭候您的光临。再见！"

上例中，销售人员在客户提出价格疑问后，并不是按照客户的思路解释价格，而是从需求度和迫切度两个层次为客户进行分析，对客户进行相对价格的引导。

2. 使用变相的折扣

在实际的销售过程中，销售人员也可以利用变相的折扣来推动销售的成交，销售人员小方正是运用这种方法来销售房屋的。

喜欢牧羊犬的小方常常在出售房屋时带着他的小狗。有一天，他的客户费先生和妻子来考察一栋价值100万元的房子。他们喜欢那栋房子及周围的风景，但是觉得价格太高了，他们夫妇不打算出那么多的钱。

此外，也有一些事情不十分令他们满意——如房间的设计、洗手间的空间等。

销售成功的希望很渺茫，小方几乎要放弃了。而后，费太太看见了那只小狗并问："这只狗会包括在房子里吗？"他回答："当然了，没有狗的房子怎么能算完整呢？"

费太太非常喜欢这只狗，因此极力促成了这笔交易。这栋价值100万元的房子的特殊折扣竟是一只小牧羊犬。

3. 利用折扣化解客户的不满

有一次，一位外地人来到北京一家商场销售地毯的柜台，他先是把柜台上摆着的丝毯认认真真地看了很久，看完之后，才回过头对售货员说："对不起，小姐您是否能为我介绍一下这些丝毯？"

"当然可以。"售货员爽快地答道。

接着售货员为顾客介绍了丝毯的制作、风格、特色、分类等。顾客专心致志地听着介绍，脸上挂着一丝微笑。

当售货员介绍完丝毯之后，这位顾客若有所思地沉默了一会，忽然很严肃地对售货员说："小姐，我对你们商场很不满意，如果不圆满地帮我解决问题，我就要向你们经理投诉！"

突然的变化，使售货员有点莫名其妙，但她很快就镇定下来，说："先生，很对不起，您能告诉我，究竟是怎么一回事，我能帮您做点什么？"

这时顾客从提包里拿出一张丝毯，说："半年前我来这里帮朋友买了一张4米×6米的丝毯，跟你们现在摆着的这一张价格相同，但上面标明的道数就不一样了，经一些内行人鉴定，丝毯所标的道数和实际有差别，弄得我在朋友面前很难堪，所以我今天将它带来，希望退货。"

售货员听了顾客的抱怨，想了想，说："因为您的丝毯是半年前买的，若要退货，手续上会给您添很多麻烦，会浪费您许多时间。如果您对这里的丝毯有兴趣，而又想多买一张的话，我可以给您打八五折作补偿，这是进货价，比起现价要便宜3 000多元，不知您意下如何？"

顾客想了好一会儿后，自言自语地说："要花一年半的时间才能织成一张这样的丝毯，八五折划得来，反正我家也正需要……好，我就把它买下了！"

这样不仅化解了客户的怒气又卖出了产品。

## 🔴 物以稀为贵成交法

唐朝诗人白居易在《小岁日喜谈氏外孙女孩满月》一诗中言道："物以稀为贵，情因老更慈。"这是物以稀为贵最早的出处，意思是事物因稀少而觉得珍贵。

第二次世界大战期间，一位印度老人拿了三幅名画去市场上卖，这三幅画均出自名画家之手。

恰好被一位美国画商看中，这位美国人自以为很聪明，他认定：既然这三幅画都是珍品，必有收藏价值，假如买下这三幅画，经过一段时期的收藏肯定会大大地涨价，那时自己一定会发一笔大财。

于是，他问那位印度老人："先生，你带来的画不错，如果我要买的话，你看要多少钱一幅？"

"你是三幅都买呢，还是只买一幅？"印度老人反问道。

"三幅都买怎么讲？只买一幅又怎么讲？"美国人开始算计了。他的如意算盘是先和印度老人敲定一幅画的价格，然后，按多买少算的原则，把其他两幅一同买下，那样肯定能占点儿便宜。

印度老人并没有直接回答他的问题，只是表情上略显难色。美国人却沉不住气了，他说："那么，你开个价，一幅要多少钱？"

这位印度老人是一位地地道道的经商业的老手，他知道自己画的价值。于是装作漫不经心的样子回答说："先生，如果你真心诚意地买，我看三幅800美元吧！这够便宜的！"

美国画商并非商场上的老手，他抓住多买少算的砝码，1美元他也不想多出，于是，两个人讨价还价，谈判一下陷入了僵局。

那位印度老人灵机一动，拿起一幅画就往外走，到了外面二话不说就把画烧了。

美国人很是吃惊，他从来没有遇到过这样的对手，对于烧掉的一幅画又惋惜又心痛。于是小心翼翼地问老人剩下的两幅画卖多少钱！想不到老人要价的口气更是强硬，两幅画少了800美元不卖。

美国画商觉得太亏了，三幅画800美元，少了一幅，还要800美元。于是要求老人再便宜点。

想不到，那位印度老人又怒气冲冲地拿出一幅画烧了。这回，美国画商可真是大惊失色，只好乞求印度老人不要把最后一幅画烧掉，因为自己太爱这幅画了。接着又问这最后一幅画多少钱？

想不到印度老人张口还是800美元。这一回画商有点儿急了，问："三幅画与一幅画怎么能一样价钱呢？你这不是存心戏弄人吗？"

印度老人见这位美国画商还想讨价还价，便说："这三幅画出自知名画家之手，本来有三幅的时候，相对来说价值小点儿。如今，只剩下一幅，可以说是稀世珍宝，它的价值已经大大超过了三幅画都在的时候。要不要，现在涨价了，这幅画800美元不卖，最低得出价1 000美元。不然，我就烧掉它！"

这下，画商真的急了，生怕那位印度老人将第三幅画也烧掉，便一手按着画，一边说："1 000美元，我买了！"

后来有人问那位印度老人，为什么要当着画商的面烧掉那两幅画？老人说："物以稀为贵。所以我当面烧掉两幅画，留下一幅卖高价呀！"

　　美国人有个习惯，喜欢收藏古董名画，他要是看上，是不会轻易放弃的，肯定会出高价买下。并且他从美国人的眼神中看出，这个美国人已经看上了自己的画，心中就有底了。

　　这个故事是典型的物以稀为贵的营销方式。物以稀为贵是一种营销技巧，限量销售就是物以稀为贵销售法的延伸。

　　紧俏的东西总是容易受到消费者的追捧，所以限量版正是利用客户的这种心理。

　　限量版的设计与后来的宣传，是一种从产品到营销的过程，说明优秀的产品其实本身也是一种营销。

　　在名车领域，限量版就是品牌的"身份证"，是顶级豪车的代名词，因而很容易引起人们的关注。比如"2005上海国际车展"上，宾利一款价值上千万元人民币的限量版雅致728就吸引了众多观展者的眼球。

　　在鞋业领域，限量版也成为商家亮牌的新创意。有一家企业曾经推出一款运动鞋，在全球范围内引起了时尚爱好者的关注，因为这种配有刺绣的运动鞋属于限量版产品，在全球仅有20双。这让人感觉到物以稀为贵，因此引起人们很强的好奇心，这是在卖鞋吗？

　　根据20/80定律，限量版就是赢利较强的那种20%的产品，同时商家推出限量版，无疑也是树立一个视点，提高品牌的知名度。限量版对于供过于求的行业会带来一种与众不同的消费，如果用得恰当，对提升企业品牌具有独到的作用。另外，限量版的运用必须针对企业的具体情况来操作。

## 🔵 激发好奇心成交法

好奇成交法是销售人员利用人的好奇心理，促使客户立即作出购买决策的方法。优秀的销售人员利用人们的好奇这一社会心理创造出一种众人争相购买的社会风气，以减轻其购买风险心理，促使其迅速作出购买决策。

一个新来的销售人员在工作的第一个月向经理解释为什么业绩不佳。他说："经理，我能把马引到水边，但是没办法让它每次都喝水。"

"让他们喝水？"经理急了，"让客户喝水不是你的事，你的任务是让他们觉得渴！"

在上面戏剧性的一幕中，经理的观点非常鲜明。销售人员的工作不是催客户购买，而是激发客户的兴趣，这样客户就会想更多地了解销售人员提供的产品或服务。

成功吸引客户参与有效销售的关键，在于激发客户好奇心。怀有好奇心的客户会选择参与；反之，则不会。

当某商店门口排了一条长队，路过的人也容易随之加入排队的行列。因为从众心理常表现为：既然有那么多的人在排队，就一定有利可图，不能错失良机。如此一来，排队的人会络绎不绝，队伍越来越长，而在这条队伍中，多数人可能并没有明确的购买动机，只是在相互影响，既然客户有这种心理，销售人员就可以营造这一氛围，让人们排起队来。

当然，这种队伍不一定是有形的，还可以是心理上的无形队伍。例如，销售人员说："小姐，这是今年最流行的时装，和您年龄相仿的人都喜欢。"又如，"这种热水器很畅销，您看这是一些用户的订单，有东北的、华北的，有城镇的、也有乡村的。"这就是利用了客户的好奇心理，在客户心里排起了一条长长的队伍，使那滚滚的购买人流激荡在客户的心里，只有随大流，赶快购买才是唯一的选择。

利用人们的好奇心理有利于提高销售业绩，促成大批交易。但要注意讲究职业道德，不搞拉帮结伙或用"托"来欺骗客户，否则销售人员会因此而信誉扫地。

"好奇心"是打开销售程序大门的钥匙，相反，如果客户一点也不好奇，销售就会寸步难行。换句话说，如果能激起客户的好奇心，就有机会获得信用、建立客户关系、发现客户需求、提供解决方案、获得客户购买的反馈。

有些销售人员花费大量的时间来满足客户的好奇心，却很少想过怎样努力激起客户的好奇心，所以就不厌其烦地向客户反复陈述公司与产品的特征以及能给客户带来的利益。

引起客户好奇心的一个重要方式就是显露价值的冰山一角，因为在客户面前晃来晃去的价值就像诱饵一样，客户很想获得更多信息，如果开口询问，销售人员就达到目的了。

另外，满足客户的好奇心会大大降低其进一步参与的欲望。想一想：如果拜访的客户已经掌握了想要了解的所有信息，他们还有什么理由非得见面呢？同样，如果客户对初次会面没什么好奇的，又有什么理由要听销售人员陈述呢？

销售人员如果希望客户和潜在客户主动了解更多信息，那么不要一开始就把所有信息都告诉客户，一定要有所保留，这就意味着可以在以后提供更多信息，从而激起客户的好奇心。

现代推销既是一项复杂的工程技术，又是一种技巧性很高的艺术。销售人员从寻找客户开始，直至达成交易获取订单，不仅要周密计划、细致安排，而且要与客户进行重重的心理交锋。

其中最有效的一种就是利用客户的好奇心。让客户感到好奇，就可以发展更多的新客户，发现更多客户需求，传递更多价值，处理更多销售异议，销售业绩也会大大提高。

## 二选一选择成交法

选择成交法也称以二选一法。即销售人员在假定客户一定会买的基础上为客户提供两种购买选择方案，并要求客户选择一种购买方法，即先假定成交，后选择成交。

选择成交法具体方法是，在问题中提出两种选择（如规格大小、色泽、数量、送货日期、收款方法等）让客户任意选择。当销售人员观察到客户有购买意向的时候，应立即抓住时机，用选择法与客户对话。如"这套衣服您是要白色的，还是黑色的？"还有"我们礼拜二发货还是礼拜三？""付款你看是通过网银，还是支付宝？"这些都是选择成交法。

选择成交法适用的前提是：客户不是在买与不买之间作出选择，而是在产品属性方面作出选择，诸如产品价格、规格、性能、服务要求、订货数量、送货方式、时间、地点等都可作为选择成交的提示内容。这种方法表面上是把成交主动权让给了客户，而实际只是把成交的选择权交给了客户，其无论怎样选择都能成交。这样可以调动客户决策的积极性，较快地促成交易。

销售人员使用选择成交法，首先要看准客户的成交信号，针对客户的购买动机和意向找准推销要点，并把选择的范围局限在成交的范围内。

有一次，乔·吉拉德去访问一位五金店的老板，目的是推销保险业务。听完乔·吉拉德的自我介绍后，两人进行了如下的对话：

"保险是很好，只要我的储蓄期满即可投保，20万、30万美元是没有问题的。"其实，老板是决心未定，准备溜之大吉，他只是应付推销员。

"您的储蓄什么时候到期？"乔·吉拉德采取迂回战术，顺藤摸瓜，紧紧抓住老板的话不放松。

"明年2月。"还有差不多1年的时间，乔·吉拉德心想，这是真的吗？

"虽然说还有好几个月，那也是一眨眼的工夫，很快就会到期的，我相信，到时您一定会投保的。"乔·吉拉德给五金店老板先吃定心丸。

"既然明年2月才能投保，我们不妨现在就开始准备，反正光阴似箭，很快就会过去了。"乔·吉拉德说完，就拿出投保申请书来，一边读着客户的名片，一边把客户的大名、地址一一填入。客户虽然想制止，但乔·吉拉德不停笔，还说："反正是明年的事，现在写写又何妨。"

"您的身份证可借我抄一下号码吗？反正是早晚都得办的事。"乔·吉拉德不给对方说话的机会。

"保险金您喜欢按月交呢，还是喜欢按季度交？"乔·吉拉德采用选择法提问。

"按月交比较好。"乔·吉拉德在申请书上填好。

"那么受益人该怎样填写呢？除了您本人外，要指定孩子，还是太太？"乔·吉拉德利用选择法追着问五金店老板。

"妻子。"

乔·吉拉德又试探性地问道："你方才好像讲到30万美元？"乔·吉拉德作出填写的样子，但这时千万要注意，没等到对方明确答复时，绝不能想当然地填写，那样就要弄巧成拙了。

"不，不能那么多，8万美元就行了。"五金店老板说。

"以您的财力，本可投保40万美元……现在按照您的意思，8万美元……"

"20万美元好了。"五金店老板说。

"3个月后我们派人到府上收第二季度的保险金。"

"喔！那不是今天就要交第一次的吗？"五金店老板说。

"是的。"

于是客户也不说明年投保的事了，当即交了保险金，乔·吉拉德开好收据，互道再见。

乔·吉拉德终于把一件没影的生意谈成了。他使用的就是半推半就的选择成交法，一步步地把客户由明年拉回到今天成交。选择成交法的要点就是使客户回避要还是不要的问题。

运用选择成交法的注意事项：销售人员所提供的选择事项应让客户从中作出一种肯定的回答，而不要给客户拒绝的机会；向客户提出选择时，尽量避免向客户提出太多的方案，最好的方案就是两项，最多不要超过三项，多了会使客户举棋不定，拖延时间，降低成交几率。销售人员要当好参谋，协助决策，否则就不能够达到尽快成交的目的。

选择成交法的优点是可以减轻客户的心理压力，制造良好的成交气氛。从表面上看来，选择成交法似乎把成交的主动权交给了客户，而事实上就是让客户在一定的范围内进行选择，可以有效地促成交易。

## ★SALE! 销售圣经：有效巩固销售成果

在客户决定购买，并达成成交协议后，作为销售人员，此时千万不要有大功告成的心态，一定要对成交结果进行确认，只有在双方确认的情况下才意味着交易的真正成功。这时就要注意，不要让客户感到销售人员一旦达到了目的，就突然对客户失去了兴趣，转头忙其他的事去了。如果这样，客户就会有失落感，那么他很可能会取消刚才的购买决定。

所以，销售人员一定要巩固销售成果，避免客户反悔。销售人员可采用如下的做法，有效地巩固销售成果。

### 1. 表示祝贺和赞扬

客户尽管已经同意购买，但在很多情况下，他还是有点不放心，有些不安，甚至会有一点神经紧张。这是一个非常关键的时刻，沉着应对客户对销售人员来说非常重要。客户在观察销售人员，看自己的决策是否正确，看销售人员是否会"卷起钱就走"。此时，客户比以往任何时候都需要友好、真诚的抚慰，帮他渡过这段难熬的时间。

在成交之后，销售人员应立即与客户握手，向他表示祝贺。记住，行动胜过言辞，握手是客户确认成交的表示。一旦客户握住了你伸出来的手，他要想再改变主意就不体面了。从心理上说，客户握住你的手，那就表示他不愿意反悔。

销售人员在与客户握手的同时，要向他表示祝贺，对他的明智之举表示称赞。如：

"王先生，祝贺你……你作出了明智的决策，不仅你所有的亲友会羡慕你，而且你的房子的价值也会大大增加。"

"祝贺你，林先生……你得到了一件质量上乘的产品，你会享受到它的好处的。"

2. 填表进行确认

销售人员应该是合同专家，应该能够在几秒钟内完成一份合同，甚至闭上眼睛也能完成这项工作。

说到填表，很多销售人员是不称职的，由于误填、不准确和填不好，致使很多交易都没做成。这些销售人员"熟知"合同，却又对它很陌生，常常不知道怎样正确填写合同而使到手的买卖溜掉了。有些销售人员在填写合同的时候，常默不作声，把精力集中在合同上。这种沉默通常会引起客户的焦虑不安，接着，所有的疑虑和恐惧又会重新涌上心头。

销售人员尽管已经知道需要填写的内容，但在填写时，仍要向客户证实这些内容。应该边写边与客户进行轻松的对话，目的是让这一程序平稳进行，让客户对他的决定感到满意。销售人员的填表动作要自然流畅，与客户的对话内容要与产品毫无关系。可以谈论客户的工作、家庭或小孩，以把客户的思绪从购物中解脱出来，同时可以表明自己并不只是对客户的钱袋感兴趣。

### 3. 感谢客户

这个细节是优秀销售人员区别于其他人的细小差别之一。说声"谢谢"不需要花费什么，但却含义深刻，给客户留下深刻印象。大多数销售人员不知道在道别后如何感谢客户，这就是为什么他们常常收到客户的退货和得不到更多客户的原因。当销售人员向客户表示真诚感谢时，他会对你非常热情，会想方设法给你以回报，会对你表示感谢。

### 4. 送一份小礼物

当完成一笔大生意，你可以送一份礼物给客户以表达你的谢意。这个礼物可以是一盒巧克力、一束花或一顿饭。谢礼也可以是一种承诺。

# 第十一章　及时回款：
## 收款才是硬道理，其他都是零

产品销出去并非就完成了任务，还应该把账款收回来。货款没有回收之前的销售不能称为完整的销售。只有货款及时回收，公司资金周转才能加快，效益才能变好，销售人员才能拿到提成。货款及时回收意义重大，是销售人员义不容辞的职责和重要任务。当然，销售人员确保顺利回款的前提，还是要有好的口才。

## 销售回款为什么这么难

提及回款，不管是销售新人还是销售老将，千言万语都归结为一个字：难。做得好，它是销售人员平步青云的垫脚石；做得不好，它就是销售人员寝食难安的紧箍咒。

销售回款为什么这么难，是由诸多因素造成的。既有客户的原因，也有销售人员自身层面的原因。

1.厂家自身原因

（1）厂家实施的相关政策、投入的资源不符合区域市场销售节奏规律，不能满足客户需求，或者跟竞争对手相比没有太多优势。吸引不了客户，客户不感兴趣，回款当然困难。

（2）厂家出台的相关回款政策、投入的资源，一般都附有较高门槛要求，对实力较强的客户，也许伸伸手就能达到，但对于另外一些客户，可能会有很大难度。

（3）市场出现窜货、乱价、客户投诉等问题，没有及时解决，对客户造成损失。

（4）公司人事变动过于频繁。客户面对公司经常更换的销售人员，做过的承诺、答应的资源、待解决的问题等又变成了新的问题。像这种情形，客户会不敢回款。

（5）公司相关支持不到位。经常听到客户抱怨："多大的一个区域，1年给你做多少，可你们才做几次活动？""人家某某品牌，支持力度有多大！""要回款也可以，你们支持力度再大点我就回。"

（6）销售人员问题。要么心态不行，见到客户，就慌乱没了章法；要么技巧不行，"东一榔头西一棒"，不懂谋略。

2. 客户层面原因

（1）没资金。有限的资金被分割得七零八落：自身开卖场，运营需要很大一部分；进行投资，如房产、百货、茶楼、买门面房、搞运输，又占用很大一部分；货铺给大卖场大终端、赊销给下游网络，沉淀很大一部分；仓库一大堆库存，残损产品、售前产品没有及时处理等等，也会占用很多资金。各方面运营稍微出现点问题，客户回款就倍感吃力。

（2）有钱，但不想因为回款占用资金。客户的心态永远是从厂家拿最好的政策，要最多的资源，最好能达到零库存销售。如果有大堆库存，发生仓储费用，还得承担厂家降价、市场滞销、产品破损等风险。

（3）竞争对手挤压。都是回款，竞争对手的品牌更有影响力，政策的支持力度更大，传播推广更多，产品品质口碑更好。在各厂家竞争激烈的争斗中，客户有限的资金当然会优先选择更好的厂家。

（4）市场不振。库存积压，分销业务难做。销售人员平时很难见着，见面就要回款，客户见到就恼火。

（5）客户以回款要挟厂家。面对市场有限、品牌繁多、竞争激烈的情况，对于商业地位高的客户，如果销售人员未同其谈好政策、支持不到位，想要客户回款，就会难上加难。

（6）客户心理因素。有类客户缺少安全感，业务"追"得越紧，客户口袋就捂得越紧。

还有一些特殊情况，如客户打算转行或退出或者正值工商税务年检、查账等，都有可能导致客户一时出不了款。

郑先生是某公司的区域销售经理。在旺季来临前的几个月，其所在区域客户因库存过大和竞品强力挤压停止回款。任凭郑先生使尽浑身解数，客户就是四个字："没钱可回！"

在巨大的销售压力之下，郑先生并没有坐等观望，而是想方设法跟客户达成协议：由郑先生亲自帮助其分销，压下去多少货，收回多少钱，全部专款专用投给本品牌。

郑先生拉着客户公司的业务员一道开始疯狂拜访市场：结合下游每个客户的特点，帮助其制订要货计划，又以旺季即将来临货源紧张为由，逼催分销商尽早提货。分销商听他分析得头头是道，边上又有客户公司的业务员现身说法，也都积极响应，从而顺利地完成当月回款任务。

在上面案例中，郑先生没有消极地等待客户回款，而是在分析了客户回不了款的原因之后，全力帮助客户的公司进行销售工作。最后，郑经理顺利地拿到了回款。

## 催收货款的口才基本功

对于销售人员来说，销售成交并非代表任务完成，回款拿到手中才是根本。对于企业而言，资金是企业运行的血液，而销售回款则是血液的源泉，回款几乎决定着企业的生死命脉。销售人员面对的压力不仅是把商品销售出去，更重要的是能够把货款如期收回来。所以，作为一个优秀的销售人员不但要善于把产品推销出去，还应该懂得如何去催收货款。

决定讨款行为成功或失败的因素是多方面的，是十分复杂的，但是，大量的事实证明，讨款人的讨款口才技巧对讨款成败有着很大的影响。有些原本是很容易讨回的货款，却因不善于"说话"而告失败；相反，有些原本是很难讨到的货款，却因讨款人善"说"，而获得了成功。

当然，这个"说"必须是针对不同的情况或不同的人而灵活运用的变换方式和技巧。那么，销售人员该如何灵活地运用自己的口才，采取不同的方式和技巧，成功地催回债款呢？

在切入正题之前，先来了解一些催讨货款方面的基本知识，这也是销售人员去"说"服客户前应该做的准备工作。

1. 做好催收货款的心理准备

销售人员在催收货款时的心态是发挥自己的口才技巧和催收能力的一个重要因素。一个人的思想很容易影响到他说话的语气、语言的选择。销售活动将销售至收回货款视为一个完整的循环。所以销售人员在面对将要收回的货款时，应该抱有这样一个信念："收回货款是正当的商业行为！"

既然客户购买了产品，归还货款自然也是理所当然的事情，所以，销售人员应该抛弃那些不必要的心理负担，在催收货款时要尽量保持一种坦然的态度。

2. 催收货款的口才技巧基础

任何一个销售人员，哪怕你巧舌如簧、业务精通，但在催收货款这种工作中，还应该记住这样一个前提：还债是建立在对方有相应能力的基础上的。因此，在销售工作中，销售人员应遵循以下原则，才能为催款扫除不必要的障碍：

（1）充分调查对方的支付能力，选择能够按时交款的客户。

（2）签订合同时，要清楚地向对方说明支付的时间期限。

（3）只顾自己利益的销售，是难于收回货款的根源。

（4）用金额计算客户的信誉度，无限制的赊销是导致死账的根源。

（5）松懈无力的要求只能涣散对方如期支付的义务感。

（6）到议定收回资金的日期，就一定如期收回。

（7）对于和那些已经延期付款的客户再次交易要慎之又慎。

（8）对由于一时不便、延时付款的客户，要尽快进行支付资金的洽谈。

（9）对于已不可能付款的客户，要果断处置，以最大限度地减少损失。

在明白了以上的一些基本知识之后，销售人员应该认真地把握好，因为以上的任何一点都会直接影响到催收货款的效果。

## 🔵 把握催收货款的制胜因素

销售人员在催收货款时要抓住制胜因素。归纳起来，催收货款的制胜因素有以下几种。

1. 利

客户为什么愿意回款？很多时候客户能忍受厂家大力度的"吸款""压货"，最根本的原因在于一个"利"字。如果厂家品牌有一定的市场影响力，产品在渠道终端能卖得掉，能适应市场状况经常做些传播推广，能为商家提供良好售后服务，不定期出台大力度的优惠政策，且派销售人员帮助商家做市场，客户就会积极回款以维护良好关系。

2. 理

很多时候，销售人员得把账给客户算清、道理给客户说透，给他找到回款理由，让客户"理"所应当地给你回款。

3. 情

客户都是在市场的"枪林弹雨"中发展起来的，不懂市场规则，是不可能获得现有地位的。用你的真情去打动客户，从而在不知不觉中感化客户，主动配合你的工作。

在这方面，销售人员至少有"三情"可用：一是公司领导跟客户的情，即保持公司领导与客户沟通顺畅；二是销售人员跟客户的情，天天低头不见抬头见，人情做到了，问题也就迎刃而解；三是销售人员跟客户具体工作人员的情，尤其是采购和财务，千万别小看这些人，关键时刻，说不定就有画龙点睛之效。

4.压

"压"就是销售人员要给客户制造一定压力。在品牌众多的市场上，很多时候，客户总是不把你的品牌当回事，所以需要适当地给他加加压。一种是"硬"压：不回款，就砍批发权、缩区域、扣返利、拖资源等。另一种是"软"压：不回款，无论客户抱怨什么，想申请什么，不赞成也不反对，采取拖延战术。这么一来，客户自己就会清楚哪些地方做得有些过分，自然也就会适当收敛，赶紧回款。但要注意把握这种压力的"度"，过了头，就会伤害与客户的关系。

5.迷

这也是那些经验丰富的销售人员惯用的一招。一种是从"上"迷，例如，"公司产品即将涨价，别的区域客户都在抢货，你还不回款备货？""畅销型号都要断货了，你还不抢？到时别怪我，你就是拿钱给我，我都没货给你。""这个月你回80万元，下个月我打个专项报告，一定帮你把5 000元的运输补贴拿到手"等。另一种是从"下"迷，例如，"这个月，我又给你开了4个网点，他们不久都要提货了。你还不打款，现在仓库里那点货哪够卖？"或者找几个关系较好的分销商，让他们给上游打电话要货，造成一时市场繁荣之象，或者设别的"套"等。通过一系列上拉下推，督促客户回款。

6. 导

很多时候，客户并不是不愿意回款，而是怕进的货卖不掉，或者货卖得太慢资金周转不开挣不到多少钱。关键时候，销售人员要帮他们做些实实在在的事情，先帮其把产品分销出去，把下游的钱收回来，再让客户回款。唯有如此疏导，整个销售渠道和体系才能处于良性的运营中。

7. 挤

客户的流动资金本来就不多，要说服客户给竞争品牌少投点，把资金抽出来投给本品牌。客户的资金被你占用得越多，你就越主动。更何况，你不占用客户的资金，别的品牌就会下手。

8. 激

销售人员要把握客户心理，激发其危机感，促使其尽早回款。在回款工作中，客户一个普遍心态就是等、观、拖。如果销售人员能在适当的时机、适当的场合"激"一下客户，很多时候会有意想不到的效果。

9. 纵

打破常规思路，欲擒故纵，将市场和客户掌握手中。例如，在品牌较为强势时，客户回款没有达到要求，销售人员可以故意摆出拒收票据的姿态，让客户承受巨大压力，以免客户开了一次坏头，以后将麻烦不断。又如，客户出款一般都在月底，此时各品牌都在激烈拼抢，销售人员或许可以换个思路，改为月头收一部分，月中收一部分，月末再去收一部分。这么做，回款风险将会小得多。

10. 缠

销售人员发挥"黄蜂"精神，紧紧"叮"住客户不放。客户要是不愿意回款，他总会找到借口，销售人员还真需要点"叮"劲才能把钱收回来。当然，这里说的"叮"也不是胡搅蛮缠，而应该讲究一些方法、策略。

## 聪明应对欠款人的借口

在生意场中，销售人员如果仅仅知道去收钱，那么你还只是半路出家的商人。你要学会识别欠款人的借口，在催款之前，预先作好对付各种借口的准备。美国企业家C.S.Frischer总结了11条欠款人常用的借口和应对方法，很值得借鉴：

（1）"由于电脑故障，我们无法立即打印支票。"当欠款人说他们的电脑失灵时，就应当能够准确地说出何时将有人来修理，电脑修好后，你再打电话去催款，不要让这个期限超过2天。

（2）"我从未见过这项产品（或服务）的账单。"幸好有现代技术的帮助，只需要拨个电话，你就能把醒目的发票传真给欠款的客户。

（3）"我们只能根据发票的原件付款，传真件不行。"在95%的场合，你都可以认为这是借口。这个借口在法庭上是站不住脚的。你应该给欠款公司送去发票的另一份原件，还需要向对方说明，一旦收到原件，立即付款。

（4）"支票已经在邮寄途中。"首先，销售人员要弄清楚欠债人发出支票的确切时间，以及是否寄往正确的地址；其次，要了解支票是怎样寄出的。在支票发出2个星期以后，你仍未收到，则要求对方取消这张支票，重新签发另一张。

（5）"我们遇到了严重的现金周转问题。"销售人员必须找出该公司出现现金周转问题的确切原因，这类公司可能没有足够的奖金付清欠你的全部款项，但他们肯定能偿还部分欠款。你可以制订一个还款计划，同对方约定时间能够付清余额。

（6）"我们1个月后将收到一张大额支票，届时就可以偿付你的全部款项。"不要相信这个借口。这些欠款人要求你安心等待1个月，如果你同意了，只不过是多给他们1个月时间编造另一个借口。

（7）"我们对发票有争议。"没有哪一家公司从不出错，然而，如果你只是在打电话催款的时候听到了这种抱怨，欠款人很可能是利用发票来拖延时间。这种说法站不住脚。

（8）"我们对这项产品（或服务）有争议。"你可以向客户询问他抱怨的是什么，他从什么时候开始对产品或服务不满，是否向你的哪位同事表示过，如果他记不清楚，就进一步询问细节问题，你应当据理力争，收回欠款。

（9）"我们在等候批准。"销售人员应先弄清楚需要谁批准这份账单，为什么仍未批准，什么时候能够批准，之后再告诉他过了期限所要承担的后果。

（10）"我们公司在90天之内付清。"这个借口通常出自大公司。这些公司一般都是能够付款的好客户，只不过要按照自己的时间表。销售人员要打电话给对方的当事人，说明己方的苦衷，客户的付款时间表也不是一成不变的。

（11）在付款之前，我们需要付运证明有不少公司要求必须在收到货物的付运证明才能付清支票。如果这是对方公司的政策，你有责任为对方送去付运证明。把你的付运证明全部准备成一式三份的，在货物运出时保证三份全都签上了字。一份付运证明送交客户（用于提货），另一份直接放到你自己手边保存（用于留底），第三份附在发票中送给客户（用于尽快付款）。

## SALE 利用"挤压"法回款

王老板："小张，你们最近到底有什么好的政策？"

小张："你不说，我还忘了，这个月政策没什么变化。以后不要道听途说，搞得那么紧张。"

王老板："那现在的政策到底是什么？"

"还是每个月返利，按照这个阶梯来返。"小张边说边递上表格。

王老板："刘经理还在干吗？这个政策是不是他定的，好久没有看到他了。"

小张："还是经理，不过也有些官僚了。"

王老板："谁当了领导都这样，不信你试试？"

小张："还要你支持我才行呀，你不上量，我怎么能上去？"

王老板："哈，要上量还不容易？多做促销不就行了，我是靠你吃饭的。"

小张："促销，应该怎么搞？这个月你还差5万元就能达到返利最高要求了，王总，多可惜呀！"

王老板来了兴致："是啊……可是……要不这样，我再回款10万元，你看看能否再为我多争取点促销费用，让销量'火上浇油'烧一把？"

小张："王总，款子办好了吧，我马上过去拿？"

王老板："款子，我给财务讲了，不知办得怎么样了？"

小张："呵呵，王总啊，公司大了，人员难管理了！"

王老板："小张，这话什么意思？"

小张："没什么，办款这样的小事还要你亲自操心去问，不主动给你汇报了。"

王老板："小张，和你开个玩笑，款子已经办好了，促销政策给我争取得怎么样了，你马上到我们公司来拿。"

几天后，小张再次来到经销商王老板办公室。

小张："王总，怎么只有8万元啊？"

王老板："小王，真不好意思，昨天公司账上只有6万元现金，我还是借钱才凑到8万元，你要理解我啊，小兄弟。"

小张："我已经给领导打过包票了，我担心领导看到款子会不高兴。"

王老板："是吗，我给刘经理打个电话，不就差2万元吗？又不伤大雅！"

小张："那就好，这样我就省心多了，你也应该多和我们领导聊聊天。"

王老板给小张领导刘经理打电话。

王老板："你好，刘总，我是创新实业的老王。"

刘经理："王总，好久不见了，真对不起，好久没去看你这位老大哥了，不会兴师问罪来了吧？"

王老板："怎么敢？刘总，就是打个电话增进增进感情。和你商议件事，不知小张和你讲了没有，就是关于那回款和促销的事情。"

刘经理："回款和促销的事情，出了什么纰漏，小张给我打包票你一定能再回款10万元，难道……"

王老板："没什么大事，汇票小张已经拿走。刘总，你也知道，我这个月已经连续回款50万元了，压了一仓库的货，请你帮帮忙，多给些促销支持。"

刘经理："王总啊，促销的事情，小张会给安排好的，放心吧。"

结果，王老板在第二天就把2万元打到了小张所在公司的账户上了。

就这样，小张通过挤压的方法有效地争取到了王老板的回款，同时督促其落实。当王老板少了2万元没兑现时，抓住关键找王老板解决。同时刘经理又与王老板谈起关于促销的事情，反推给王老板去找小张解决。王老板8万元的汇票也被小张拿走了，现在因为2万元钱而损失了促销支持就得不偿失了，只有再回款2万元补齐。

## 🔵 对"老赖客户"毫不留情

做销售工作，销售人员一定要有自己的态度，坚持原则和立场。业务往来涉及的都是经济问题，销售人员若对明显存在风险的问题视而不见、心存幻想，只会加大风险。因此，在业务问题上，销售人员的态度不能有半点含糊，原则性一定要强，否则会损害了公司的利益。对于"老赖客户"，销售人员不能存有试图通过业务往来把货款清收的侥幸心理，而是要逐一清除回款过程中的障碍，让对方回款。

几乎所有的厂家在和渠道打交道的时候，都会碰到"老赖客户"。一旦遇到，往往会十分为难：不给新的货物，不但以前的货款难以收回，而且可能面临销售量的下降——这是任何一个销售人员都不愿意面对的；如果再发货，客户手里握有的货款和货物越多，厂家制约渠道的能力越弱，有可能带来更大的损失，正所谓"不卖是等死，卖了是找死"。

销售人员对待"老赖客户"不能心太软，"老赖客户"的问题确实是困扰销售业务开展的大问题。销售人员必须清楚地判断客户"赖账"的真实原因，它将决定你究竟应该采取什么样的后续行动。一般来说，客户既不主动进行交易仍然可以接货、也不结清欠款的情况基于以下几种动机：

（1）客户根本没有继续经营本公司产品的意图，欠款的唯一目的就是增加自己的"现金流"，而付款意味着自己可运用的资金量减少。其实质就是想用你的钱办他自己的事，甚至用这个钱去经营你的竞争品牌也说不定。

（2）客户有意继续经营本公司产品，但是在资金链上出现了严重问题，可能有三种情况：一是有计划地扩大经营范围所造成应付账款激增；二是因为下线客户的欠款过多，使得流动资金紧缺所造成；三是客户本身的经营、业务管理出现大的危机，本来用于支付货款的款项被挪作他用。

（3）客户虽然对公司的产品有一定信心，可以继续经营，但是由于以下原因试图通过"欠款"保持对公司的压力、增加谈判的"筹码"：①公司或业务代表承诺的广告及促销费用"补偿"至今没有兑现。②与公司或业务代表在前期销售合同的履行、市场支持、售后服务等诸多方面存在争议和"悬而未决"的问题。

对于不同的客户，销售人员应该区别对待，不能"一棒子打死"，更不能纵容迁就。

首先，对于那些根本就不准备继续跟公司合作的客户，如果还有账款未清，唯一办法就是通过各种方法"讨债"，并积极准备"打官司"，尽量减小损失。除此之外，没有其他的办法。当然，催款的方式方法还是应该注意的，如时间、地点、对象、表达方式、还款期限等。但是，无论怎样，面对这样的客户千万不要抱有任何侥幸心理，绝对不要再跟这样的客户有任何的交易；否则，窟窿只能越补越大。

其次，对于确实由于"资金周转不开"而出现账期拖延问题的客户，销售人员应该小心对待，关键要看客户本身的经营是否是良性的。①如果客户自己的运作状况比较良好，生产、销售、物流、市场推广都比较正常并有所发展，就可以采取比较积极的处理方式。比如在客户承诺还款计划的基础上继续供货，但原则上"应收账款"不能再有新的增加。②如果客户的资金运转困难是由于自己的运作不良所造成的，就应该高度警惕了。在客户承诺还款计划的基础上继续供货，但原则上"应收账款"必须逐步减少。

再次，对于"另有隐情"拖欠货款的客户，销售人员最好先解决他的问题和抱怨，至少要摆出一些解决问题的"姿态"。比如销售总监、总经理亲自出马拜访客户，了解问题，说不定欠款的问题自然就迎刃而解了。销售人员最不应该的就是对客户的抱怨"视而不见"，同时还不断地欠款出货，最后，当客户手上的"筹码"越滚越大的时候，你就彻底被动了。

## 应对"老赖客户"的手腕

下面是销售人员对待"老赖客户"的方法和手腕。

1. 伪装策略

销售人员不要对此类客户表现出淡漠的态度，而要对积极合作表现出莫大的欢迎，并作出一些伪装策略，积极与客户沟通，表现出公司的"诚意"，从而降低客户的警惕性，以便开展下一步的工作。

2. 预防策略

面对"老赖客户"，销售人员与其订还款协议与经济合同还是非常有必要的。同时，销售人员还要多方面打探客户的实际经营情况，如财务情况、银行信誉等，这些都是需要考虑到的。

### 3. 迂回策略

销售人员最首要的是要把客户的欠款想办法收回来，而不是一点点地收回，在此货款未收回以前，决不可以贸然对"老赖客户"发货，这种客户非常可能再次积压货款。到那时候，纵有还款协议与经济合同，也需要通过法律手段解决。而且，此类问题解决周期长，又浪费公司的财力与精力。因此，欠款一日不收回，货决不可发，对这一点销售人员一定要牢牢地把握住，不可有侥幸心理。

### 4. 虚拟放大政策，加大支持力度

在与"老赖客户"订立新的经济合同时，销售政策可以放大，让客户感到希望很大。例如，销售人员可以要求客户先付款，并且付款金额要超过已欠回款，等此笔货款达到公司账户后，给客户发传真，声明必须要先款后货，这笔款项属于欠款范围，不属于货款。


## SALE! 销售圣经：多管齐下保障收款

货款能否顺利回笼将决定销售工作的利润能否真正实现。因此，加快货款回笼是现代销售管理的一个基本原则。回款任务能否顺利完成，并不完全取决于销售人员和厂家自身，还取决于客户的合作态度。为了使厂家避免因回款不力而陷入被动，必须加强对回款工作的管理，提高回款工作的技巧。

在销售回款的过程中，销售人员要四管齐下，确保回款工作

的顺利进行，直到把回款拿到手。所谓回款的四管齐下，就是把回款流程简单分解成四个部分，层层击破，获取回款。

1. 抓住控制点

销售人员在回款中要处处抓住客户的控制点，使客户只有节节败退之地，无还手搏击之力。所谓抓住控制点，既可以是抓住对手的薄弱点出招，也可以是用自己最有力的招式还击对手来势汹汹的攻击。

2. 回款过程要监督

销售人员在客户答应予以回款的时候最好等着客户把汇票办好，拿到款子再离开，或者在离开后，多打几个电话询问沟通，对客户进行过程监督；否则，能否真正获得回款还是未知数。

3. 不轻易相信客户的承诺

销售人员不要轻易相信客户的承诺，因为承诺容易，实现太难。甚至许多客户即使白纸黑字签了字都能变成一纸空文，何况一个口头承诺啊。在拿走回款之前，销售人员依然要留着一个控制点在自己手中，以防客户事后不兑现。

4. 要有预见性

销售人员要把细节考虑周全，要有预见性。变化很容易发生，比如客户突然改变了主意，或者突然向你询问一个你不了解的问题。因为你预见到了，即使无法把握具体的事情原委，都能将事态发展向良性方向推进。

以下是在实际的销售回款操作中对销售人员的几点提醒：

（1）清楚客户心思：如果第一句话就被否定，就很容易陷入被动状态。

（2）出招要准：让客户承诺最重要的部分，问题的解决也就基本上有眉目和希望了。

（3）留有后路：留一个预备动作，防止异常情况的突发，这样可能会达到比较好的效果。

（4）当仁不让：在催款环节，销售人员必须当仁不让，哪怕是困难挫折，都必须坚持。